1

子どもの文化
ライブラリー
よりよく生きる

児童文学と教育の〈間〉

古田足日『宿題ひきうけ株式会社』から
『おしいれのぼうけん』まで

加藤 理

港の人

叢書「子どもの文化ライブラリー　よりよく生きる」刊行に当たって

一般財団法人　文民教育協会　子どもの文化研究所所長　片岡 輝

人は、今立っている場所から一歩先へ、今ある状態からよりよい状態を希求して、時には枝道にそれて途方に暮れ、時には分かれ道を選び間違えて、悔い、迷い、絶望の谷間から這い上がっては正しい道を探し求めて歩み続けてきた。よりよく生きようとして悟りを開いた人もある。地獄の辛酸を舐め尽くした人もある。平凡な人生を送った人の一生にも、よりよく生きようとする人の根源的な欲求がふつふつと沸き返っていたに違いない。けれども、歴史を顧みると、よりよく生きようとする個の願望が満たされた幸せな時代は稀で、体制順応を求める同調圧力の前にあっては、よりよく生きたいという意思を持つこと自体がタブー視され、「自己責任論」や「身の丈発言」など、いまなお、その後遺症が深い傷跡を残している。

子どもの文化研究所創立五〇周年にあたって、この叢書を、そうした過去の頸木を断ち切り、私たち自身がよりよく生き、子どもたちに「よりよく生きる」力を手渡すために、今なすべきことが何であるかを、読者と対話することを願って刊行する。

子どもと文化や子どもの成長発達について広く関心を持ちながら研究したり、子どもと関わったりしている方々からの原稿を広く募集します。編集顧問の片岡輝と、編集委員の鵜野祐介、加藤理の査読の後、採択の可否を決定しますが、関心のある方は子どもの文化研究所までお問い合わせください。

児童文学と教育の〈間〉　目次

II

学校での「学び」へのまなざし

『宿題ひきうけ株式会社』『ぼくらは機関車太陽号』

Ⅲ　子どもの行動と遊びへのまなざし

Ⅰ　古田足日と〈教育児童文学〉

文学と教育

「教育」は、物語や小説の中にさまざまに描かれてきた。

一九〇六年（明治三九）に書き始められた石川啄木の『雲は天才である』、同年に出版された島崎藤村の『破戒』、夏目漱石の『坊っちゃん』、一九〇七年に出版された田山花袋の『蒲団』など、明治時代以来、多くの作家たちによって教育や教師を主題に据えた作品が発表されてきている。

昭和になってからも、一九五二年（昭和二七）壺井栄の『二十四の瞳』、一九七四年（昭和四九）灰谷健次郎の『兎の眼』、一九八〇年（昭和五五）高井有一の『真実の学校』など、実に多くの作品が発表されてきた。

小説や物語は、作者が感じたことや考えたことが随所に散りばめられて作品が構成されている。作者の目を通して、表面的に見えていることの奥底に潜む真実が描かれている、とも言えよう。

ルポルタージュや歴史、伝記などのノンフィクションと同様に、時にはそれ以上に、小説や物語の中に真実が書かれていることがあるという認識は、千年以上前から存在してきた。

『源氏物語』蛍巻に、「神代より世にある事を記しおきけるななり。日本紀などはただかたそばぞかし。これらにこそ道々しく詳しきことはあらめ」という一節がある。歴史的事実を書いたとされている『日本書紀』などより、「これら」、つまり物語の方が道理にもかなう真実が書かれている、と『源氏物語』の著者紫式部は光源氏の口を借りて述べているのである。

教育や子どもに関して分析・考察する主な研究領域は、教育学である。教育学の論述では、科学的であることが求められる。科学的な論述とは、客観的事実に基づき、実証的なデータや資料の裏付けのもとでなされる、万人が検証可能な論述のことである。科学的であるためには、主観的な思い込みや恣意的な記述を慎重に排除していくことが求められている。

主観的な表現を排除していくために、人々が生活の中で感じる感情の襞《ひだ》などの細部を伝えきれなくなっている科学的な論述は多い。たとえば、社会学や文化人類学で、聞き書きをもとに人々の暮らしや生きざまについて考察することがある。ライフヒストリーと呼ばれるこの手法は、研究対象になった人の人生について、文化の分析と個人の人生がどのように関連するのか、事例をもって表現しようとする方法である。

人の生涯を科学的に論述するこうした手法は、データや資料を正しく再現することが求められる科学から逸脱することに禁欲的であろうとするために、生きた表現になっていないことが多い。人の生きざまを描く論述の中で、取り上げられている人々の感情を、豊かに表現することを抑制しがちなのである。

一方で、科学的な論述では表現しきれない人々の生きた感情や喜怒哀楽を表現し、科学的な裏づけが不十分であるために表現することを躊躇してしまうような人の心の動きなどを、大胆に表現する力が、フィクションとしての小説や物語には存在する。

フィクションとしての物語や小説を通して、子どもという存在について考えたり、教育課題について考えたり、教育によって生じる問題に直面した子どもたちの心の動きを考えたりすることは、科学的な論述とは異なる力で、子どもや教育の問題に迫っていくことがある。読者が子どもの場合には、登場人物に自己を投影させながら、登場人物と同じことを悩み、同じことを考え、同じように喜んで読み進めていくであろう。

以上のような、物語や小説が持つ力を信じ、子どもや教育の問題について考え、教育学などの科学では迫ることのできない物事の真実や、浮き彫りにすることのできない子どもたちの感情を描く可能性を、文学に求めてきた作家が多数存在してきたのである。

「教育」を描いた作品

明治以降、教育を書いてきた物語や小説は多いが、それぞれの作品が取り上げようとしてきた主題はさまざまである。文学の中で教育や教師が描かれている印象的な作品をいくつかあげてみる。

島崎藤村は、自己の出自が露見することに恐怖と不安を感じている「部落民」出身者の教師瀬川丑松を主人公に、『破戒』を書いた。そこには、主席訓導として児童や保護者から尊敬され、自己の能力をも恃《たの》みとしている丑松が、「部落民」である自己の運命を嘆き、いつか訪れるかもしれない秘密の露見の不安に慄《おのの》きながら生きる、人間の苦悩と弱さが描かれている。

石川啄木は、国家による教育の統制が強まり、学校教育が硬直化して自由な精神が失われ、閉塞感が満ちる中での、代用教員新田耕助の鬱屈した思いを描いている。啄木が『雲は天才である』を執筆し始めた明治三九年は、三年前の一九〇三年（明治三六）に国定教科書制度が始まり、文部省が定めた教授細目の履行を、視学たちが目を光らせて監視していた時代である。耕助と対立する田島校長は、国家による教育統制の中でその管理者であることに疑問を抱かない人物として描かれ、そうした管理者の下で自由な精神への希求もなく、ただ安穏に生きようとする教師の世界を描写しながら、閉塞状況の中に生きる苦しさを自己の代用教員の体験をもとに啄木は描いたのである。

夏目漱石の『坊ちゃん』は、狸や赤シャツ、野だいこ、山嵐、うらなりなどとあだ名をつけた教師たちを描きながら、教育者然として振る舞う似非《えせ》知識人の滑稽さや浅薄な人間性を痛烈に皮肉った作品である。特に、帝大出を鼻にかけながら、パイプをくゆらせ、金時計を持ち歩く赤シャツの陰険な性格と権威主義的な人間性の描写は際立っている。また、腰ぎんちゃくとして赤シャツにおべっかを使い、その一方で陰口を好む野だいこの狡猾で卑怯な人間性にも痛罵を浴びせる。それらの教育者とは名ばかりの浅はかな学校の教師たちを、正義漢坊ちゃんの目を通して風刺を加えて描いているのである。

これらの作品は、人間の弱さや滑稽さ、閉塞感の中での苦悩を描くための題材として、学校や教師を取り上げていて、教育実践や教育が直面する課題、さらには教師の活動そのものを描くことが作品の主題とはなっていない。

一方で、教育的な課題や教師の活動と正面から向き合った小説も存在する。一九八〇年（昭和五五）に出版された高井有一の『真実の学校』には、貧困にあえぐ秋田の子どもたちと向き合いながら、綴り方教育を通して貧困の現実を子どもたちに考えさせ、貧困を乗り越える力を模索する教師たちの苦闘に満ちた実践が描かれている。自らも経済的な困窮に直面しながらも、北方教育運動と今日呼ばれている実践に全てを注いでいく教師たちの熱意と苦悩が描かれた作品である。北方教育運動の中心になった成田忠久や、成田と共に苦闘した佐々木昂（太一郎）や加藤周四郎ら実在の教師たちの思想や実践と生きざまが豊富な資料によって描かれた作品である。後に児童文化・文学研究者として活躍する若き日の滑川道夫も描かれている。

重松清の作品の中にも、教育を描いた小説は多い。早稲田大学教育学部に学んで教師を目指すものの、吃音のために教師を断念した重松は、教師としての実践ではなく、小説を通して教育にコミットする道を選ぶことになる。

重松には、自らの姿を通して人としての生き様を子どもに示す教師（「白髪のニール」）や、前任者との比較から逃れられず、人間的な狭さから特定の児童を傷つけていることを自覚しながらもそこから逃れることができない教師（「にんじん」）など、さまざまな教師を描いた『せんせい』、本当の友だちとは何か問いかける『きみの友だち』、思春期の入り口に立つ心身の変化や繊細な感情の揺れ動きを描く『小学五年生』など、教育や子どもをテーマにした多数の作品がある。

その中でも、吃音でうまく言葉を操れない中学の国語教師村内を主人公とする短編集『青い鳥』（二〇〇七年）は、自分には授業よりもっと大事な仕事があると信じながら、いじめの加害者になった生徒や、養護施設で成長し、人のぬくもりを知らずに育った生徒など、孤独で殺伐とした心を抱える生徒のそばに静かに寄り添い、傷を負って壊れた生徒の心が再生していくことを見守る教師の物語となっている。

児童向けの文学作品の場合、読者の中心が学校に通う子どもたちであるだけに、教育や教師をテーマにした作品は一段と多くなる。

教育や教師をテーマにした児童文学作品の中で、最も多くの人に知られてきた作品は、壺井栄の『二十四の瞳』である。一九五二年（昭和二七）に発表されたこの作品は、五四年に木下恵介監督、高峰秀子主演で映画化され、その後も何度もテレビドラマ化されたり、一九八七年（昭和六二）には、朝間義隆監督、田中裕子主演で再び映画化されたりしている。

一九二八年（昭和三）に教師になった大石は、島の岬の分教場に赴任し、十二人の子どもたちと出会う。昭和恐慌、日中戦争、太平洋戦争などの激動が子どもたちと大石を翻弄し、その中でそれぞれが辿る人生が描かれている。学校を主な舞台として子どもと教師の触れ合いを描いているものの、不景気や貧困、戦争など、昭和の激動の時代が人々の生活に暗い影を落とし、子どもたちや人々の運命を翻弄していく様子を描いた作品となっている。

戦後の児童文学の中で、教育や教師をテーマにした児童文学作品を数多く発表した作家として真っ先に名前があげられる一人が灰谷健次郎であろう。灰谷は十七年間小学校教師を務め、その体験が作品に色濃く反映されている。

灰谷は、教育や教師をテーマにした児童文学作品の他に、教育論を著わしたエッセイや対談集も数多く残している。絵本作家の長新太や文化人類学者の原ひろ子らとの対談集『オオカミがジャガイモ食べて』や、灰谷が大きな影響を受けた哲学者林竹二との対談『教えることと学ぶこと』、子どもたちの詩とそれに対する先生のコメントで構成する『せんせいけらいになれ』などからは、創作のベースになっている灰谷の教育論や人間論を知ることができる。中でも、「『きりん』の幼い戦士たち」「二つの盗み」「骨くんの話」「希望への道」などを収めた『わたしの出会った子どもたち』は、灰谷健次郎という作家が求め続けた「優しさ」や絶望と希望などについて考えさせられるエッセイ集となっている。

教育を題材にした作品としては、不登校児童の内面を描いた『ひとりぼっちの動物園』、校則や体罰を告発する『砂場の少年』などがあるが、『兎の眼』が最もよく知られた灰谷作品である。

医者のひとり娘で、大学卒業後すぐに結婚し、結婚して十日で新任教師になった小谷芙美は、H工業地帯にある姫松小学校の一年四組の担任になる。学校の裏にゴミ焼却場のある小学校を舞台に、大学を卒業したばかりの若い女性教師が直面する出来事や出逢いを通して、児童たちと共に成長する姿を描いた作品となっている。学校では口をきかない鉄三の祖父が戦争で友だちを裏切った話や、「教員ヤクザ」と呼ばれる教師足立が子どもの気持ちを第一に考える姿、そして、素直な子どもたちとのふれ合いが、小谷を変えて成長させていく。

作品の中に伊藤みな子という知的障害児が登場する。みな子をめぐる小谷や保護者たちの思いや言動を通して、憲法二六条「すべて国民は、法律の定めるところにより、その能力に応じて、ひとしく教育を受ける権利を有する」に表明されている教育を受ける権利について考えさせることは、児童文学作品が、教育が抱える課題に切り込む力を持つことを示しているともいえよう。

この作品が発表された一九七八年（昭和五三）年頃は、統合教育（integration）と呼ばれる理念が広がり、健常児と障害児を分離する教育から両者を統合して教育を行い、多様な児童がお互いの違いや価値を認め合う教育の可能性が模索されていた時代である。一九七九年には養護学校義務化が実現するが、『兎の眼』は、小谷先生の信念とクラスの子どもたちの変化を通して、統合教育について問いかける作品となっている。

ここまでいくつかの作品をみてきたが、文学作品の中で人間存在を描くことを目的に教師を取り上げ、一人の教師が抱える人間的な苦悩や成長を描く作品は多い。また、子どもの成長や子どもの世界を描く場合に、学校が舞台となる作品も多い。一方で、文学史を辿った時に、教育が直面する課題や教育の本質を問う作品、教師の教育実践と向き合う作品はさほど多くないことも明らかとなる。

そうした中で、子どもという存在について考え、教育が直面している課題や問題と向き合い、それらについて、作品を通して考えていくことを自己の創作活動の柱にした作家がいる。児童文学者古田足日《たるひ》である。

古田足日の足跡と評論

古田足日(一九二七〜二〇一四)は愛媛県川之江町に、父拡《ひろむ》、母アサヱの第三子(六人兄弟)として一九二七年(昭和二)一一月二九日に生まれている。古田の生涯については、『全集　古田足日子どもの本』(童心社)の別巻に掲載された詳細な年表によって知ることができる。父拡は川之江女学校や愛媛師範、さらに東京教育大学、法政大学、和光大学などに務めた国語教育者、兄東朔《とうさく》は国語学者で東京大学名誉教授という一家に育っている。

古田が生まれた年は、東京渡辺銀行が破たんしたという大蔵大臣の失言によって取り付け騒ぎがおこり、鈴木商店の事業停止により株価大暴落が起きるなど、昭和金融恐慌が起った年である。古田が二歳になる二九年には、十月のアメリカの株価大暴落を引き金に世界大恐慌が始まり、日本でも経済恐慌が拡大していく。古田が四歳の三二年一月には第一次上海事変が勃発し、敵の鉄条網を体ごと粉砕して「爆弾三勇士」と呼ばれた兵士たちに日本国中が沸き立つ。この出来事をきっかけに大和魂の精華という言葉がもてはやされ、次第に軍靴の音が高くなっていく。古田九歳の三七年八月に第二次上海事変が勃発し、日本と中国は全面戦争へと突入。日本はこの後長く続く戦争の時代を迎えることになる。太平洋戦争が終結し、戦後の民主主義の時代を迎えるのは、古田が一七歳の夏である。古田は戦争の影に覆われた時代に少年期を過ごし、民主主義の夜明けの時代に青年期を過ごしていったのである。

「うちには本が多かったわけだ、手当たり次第に読んでみるわけだよね」[注1]と古田自身が述べているが、本を買うことをもう少し控えてくれると家計が助かると母親が嘆く[注2]ほど、父親の方針で家に本が溢れる少年時代を過ごした。古田の少年時代は後期『赤い鳥』[注3]のような芸術的な児童文芸雑誌や、『幼年倶楽部』や『少年倶楽部』のような大衆文芸雑誌、『講談社の絵本』のようなカラー刷りの絵本など、多種多様な雑誌・絵雑誌類が出版されていた。また、出版界の円本ブームに乗ってアルスの『日本児童文庫』や興文社・文藝春秋社の『小学生全集』のような企画物も子どもの世界に登場していた。古田家では、『赤い鳥』、『日本児童文庫』、『小学生全集』の他に、『世界童話大系』（世界童話大系刊行会）、少し後の時代では『日本少国民文庫』（新潮社）も購入していた。[注4]

父拡は『少年倶楽部』を読むことを禁止し、古田はそれに反して父親に怒られながら『少年倶楽部』を読んでいた。後に禁止は撤廃され、古田は松山市の書店に佐藤紅緑や高垣眸などの本を買いに行ったことを回想している。また、小学校四年生の時に矢田挿雲の『太閤記』や、『平家物語』、『太平記』などの古典を読んだことも回想している。さらに、母親の弟が持っていた平凡

社の大衆文学全集のようなものも読んでいたという。注5

古田の初期の作品に『うずしお丸の少年たち』（一九六二年）という戦国時代の伊予を舞台にした長編がある。四人の少年少女が運命に翻弄されながら成長していくさまを、大衆小説の技法を取り入れて描いた作品である。『少年倶楽部』に掲載された消耗品的作品群を反面教師としながらも、大衆小説の手法を用いて子どもを楽しませつつ、成長について問いかけようと試みた作品である。

子どもたちに本を買い与えた父によって、幼い時からさまざまな読み物に接していた古田だが、児童文学との本格的な出会いは、一九五一年（昭和二六）に早稲田大学露文科に復学（一九四九年に入学するがすぐに休学）して早大童話会に入会して以降である。この当時のことは、上野瞭との対談「異質の同世代―タルッピ・フルタルの生活と文学―」（『日本児童文学』一九七八年一一月号）に詳しい。

古田は早大童話会で鳥越信らと出会い、一九五三年（昭和二八）に、早大童話会が発表した「少年文学宣言」の草案討論の主要メンバーとして参加する。「少年文学宣言」とは、早大童話会が発表した「『少年文学』の旗の下へ！」の通称である。小川未明に代表される童話精神によって書かれたメルヘンや生活童話などの少年少女向け読み物を批判し、近代的小説精神によって書かれた「少年文学」の創造を提唱したものである。

少年文学宣言後は、評論と創作を通して少年文学宣言に掲げられた思想を深める仕事を進めていく。古田の仕事を俯瞰すると、創作を書く児童文学作家であると同時に、数多くの評論を残した評論家としての顔が大きく浮かび上がってくる。

その膨大な評論の仕事を簡潔にまとめることは難しいが、古田の評論を内容面から大きく分類すると、①児童文学論、②国語教育関係、③教育論・子ども論（子ども文化論を含む）、の三種に分類できる。

「さよなら未明―日本近代童話の本質―」や「近代童話の崩壊」などを収録した『現代児童文学論―近代童話批判―』（一九五九年、くろしお出版）や、「童心主義の諸問題」や「現代っ子と児童文学」などを収録した『児童文学の思想』（一九六五年、牧書店）に見られる評論の数々のように、児童文学に関する評論は生涯にわたって書き続けられている。

生涯にわたって児童文学論を書き続ける一方で、古田の評論の仕事の時期ごとの傾向としては、初期は『教育科学国語教育』（明治図書）などに掲載した国語教育に関する評論が多く、後期は『子どもの文化』（子どもの文化研究所）などに掲載した教育論・子ども論・児童文化論に関する評論が増えてくる。

教材に関することなど、国語教育に関する評論の執筆は、国語教育者であった父の存在も影響したのではないだろうか。七一年からは日本書籍の小学校国語教科書の編集委員も務め、評論家としてだけでなく国語教育との関りが深くなっていく。

教育論・子ども論・児童文化論に関する評論が多くなるのは、山口女子大学文学部児童文化学科教授として赴任する一九七六年（昭和五一）頃からである。古田は、「児童文学者はもっと実際の子どもに関心を持とうじゃないか」と考えて創作と評論を行っていた作家だが、[注6]山口女子大学で児童文化を講義することになって以降、「子どもへの関心」（『日本児童文学』一九七七年二月）、「子どもは集団の中でこそ育つ」（『季刊文学教育』一九七九年一一月）といった評論を書き、子どもに関する発言がそれまでよりも増加していく。

また、大学で児童文化を担当することになったことで、「児童文化」と向き合う必要に迫られる。その中で、「児童文化とは何か」（『現代教育科学』一九七九年四月〜八〇年三月まで連載）といった評論を精力的に執筆することになる。そして、児童文化への原理的な問いの結実として、古田子ども文化論の結晶とも言うべき「子どもと文化」の執筆へと向かうことになる。

注

1　古田足日・上野瞭「対談　異質の同世代―タルッピ・フルタルの生活と文学」（『日本児童文学』一九七九年一一月号　日本児童文学者協会）偕成社　一三ページ

2　古田足日「『宿題ひきうけ株式会社』の古田足日さん（談）」（1）（『日本児童文学』二〇〇〇年三・四月号　日本児童文学者協会所収）五八ページ

3　一九一八年（大正七）七月に鈴木三重吉によって創刊された『赤い鳥』は、一九二九年（昭和四）三月号から三一年一月まで一時休刊し、三六年（昭和一一）に三重吉が死亡するまで刊行される。古田の少年時代は復刊後の後期『赤い鳥』の時代にあたる。

4　前掲、古田足日「『宿題ひきうけ株式会社』の古田足日さん（談）」（1）（『日本児童文学』二〇〇〇年三・四月号　日本児童文学者協会）五八ページ

5　前掲「対談　異質の同世代―タルッピ・フルタルの生活と文学」二六ページ

6　前掲、古田足日「『宿題ひきうけ株式会社』の古田足日さん（談）」（1）六三ページ

「子どもと文化」の背景

「子どもと文化」は、五十嵐顕編『講座　現代教育学の理論　第二巻　民主教育の課題』（一九八二年、青木書店）に収録された論文である。

「子どもと文化」は大学で児童文化を担当することになった古田が、児童文化とは何かという問いを発する中から生まれているが、同時に、高度経済成長期を児童文学者として過ごし、子どもを取り巻く社会状況の変化と問題を敏感に察知してきた古田の視線の中から生まれた論文でもある。

古田が山口女子大学に赴任した一九七〇年代は、阿部進によって一九六二年（昭和三七）に造語された「現代っ子」に象徴されるように、自明と思われていた子どもという存在や子どもの育ちについての理解が揺らぎ始めた時代だった。高度経済成長による消費社会の進展と、テレビの普及による情報化社会の急速な進展は、未熟で保護されるべき子ども像の転換を迫っていた。変

化する社会の中で、子どもの育ちに文化はどのように関わっているのか、子どもとはどのような存在なのか、そうしたことを根源から見つめ直す必要が生じていた。

高度経済成長期の日本社会の変化を確認するために、当時の社会の動向を巨視的に概観しておく。一九五四年（昭和二九）から七三年（昭和四八）一一月まで続いたいわゆる高度経済成長は、人々が生活の中で連綿と受け継いできた生活習俗や価値観、地域社会の在り方やその中で受け継がれてきた文化などを根底から覆すほどの大きな変化をもたらした。地縁や血縁を大事にしながら、周囲の人々と協力してつつましく暮らしてきた生活は、物質的な豊かさと便利さの中で、「連帯」から「個立化」へと向かっていった。

高度経済成長の時代、都市の周囲に広がっていた山林は切り開かれてニュータウンが作られていった。整然と区画されたニュータウンには核家族が増え、三種の神器と呼ばれた洗濯機、冷蔵庫、白黒テレビ、そして新三種の神器と呼ばれたカラーテレビ、クーラー、自動車によって、快適で便利な生活が実現していった。

その一方で、それまでの日本人が大事にしてきた、自然との共生は見失われていった。地域共同体は変質を余儀なくされ、多くの地域では、伝承されてきた文化が途絶えてしまう危険にさらされるようになった。効率優先主義の生活が広がり、物質的な豊かさを追求する一方で、精神的な豊かさや生活の中で感じるゆとりの大切さに目が向けられることは少なくなっていった。

子どもたちの生活からも、それまでの生活に存在していた自然の中での遊びや異年齢集団での遊び、伝承されてきたさまざまな文化は次第に姿を消していった。生活上の変化だけではなく、子どもに関わるさまざまな問題も顕在化していった。交通戦争の激化と遊び場の減少、深刻な公害問題と健康被害、受験競争の激化と学歴信仰などである。

一九七一年（昭和四六）に「教育の現代化」と称される学習指導要領が導入され、その下での詰め込み教育は苛烈をきわめていく。教科書に盛り込まれる知識量は膨大となり、教科書が全て終わらないことを前提にした授業が展開された。一九七二年（昭和四七）の文部省の「中・高校における進路指導に関する調査」では、学校生活を灰色と感じている生徒が多いことが判明する。そうした中で受験戦争や学力競争の中で抑圧に苦しむ子どもたちの心へも目が向けられるようになり、一九七二年に日本教職員組合は、今日の教育へと続く「ゆとり教育」と学校五日制を提起している。

苛烈をきわめる知識偏重の詰め込み教育の中で、子どもの心の荒廃も大きくクローズアップされるようになっていった。シンナーやトルエン中毒、校内暴力と家庭内暴力、ゲームセンターでのトラブルなど、子どもたちの非行や暴力事件が次々に社会的な問題になっていた。一九八〇年（昭和五五）に神奈川県川崎市で起きた金属バットによる両親殺害事件、八二年から三年にかけて発生した中学生による横浜浮浪者襲撃事件、八三年に東京都町田市で校内暴力のターゲットとされていた英語教師が生徒をナイフで刺した生徒刺傷事件などが相次いで発生する。こうした事態を受けて、文部省は一九八四年（昭和五九）三月七日付けで校内暴力等に関する調査を各都道府県教育委員会に依頼し、その結果を七月に公表している。

「山口へやってきて二年あまりのこの期間に子どもの自殺や非行の報道が目立ってきた。それは量的な増加にとどまらず、滋賀県の中学生の殺傷事件に象徴されるように、子どもの心の荒廃がこの期間にいっそう進んだ」と古田はこの時代の子どもの状況を見つめていた。[注7] 子どもを取り巻く「物理的環境、文化財、社会の制度（公式および非公式の）、生活様式、価値観等、文化のさまざまなレベル、領域」[注8] にわたって激変する文化の変動期にあって、一定の生活様式を身につけている大人よりも、より一層子どもたちは困難に直面する。そうした文化的に困難な状況におかれている子どもたちの発達に、さまざまな領域の文化はどのようにかかわっているのか、子どものよりよい発達を軸とした文化の体系化とはどのようなことが考えられるのか、そうした問題意識を追及するためには、文化財を平面的にとらえていくことが主流だった児童文化研究とは別の枠組みを求めなければならないと古田は考えていくようになる。

以上のような子どもや教育に対する認識を評論の形で結実させたものが「子どもと文化」である。この後、古田の子どもや子どもの文化に関する評論は、「子どもと文化」に書いたことを継続的に考えながら展開されていく。一九八七年（昭和六二）の『子どもを見る目を問い直す』（童心社）には、「子どもと文化」で考えたことを各論的に発展させて発表した子ども論・子ども文化論がまとめられている。

そして、児童文学作家である古田は、評論だけではなく、時代状況への問題意識や認識を、様々な創作作品として世に送り出していく。問題意識やそれに対する認識を、評論と創作の二つの形で世に問うた児童文学者、それが古田足日だったのである。

注

7　古田足日『児童文化とは何か』久山社　一九九六年　一二ページ
8　古田足日『子どもと文化』久山社　一九九七年　二六ページ

古田足日創作作品と教育問題

古田の創作作品は、膨大な数にのぼる。一九九三年（平成五）に童心社から『全集　古田足日子どもの本』全一三巻別巻一が刊行され、その時までに刊行された作品が全集に収められているが、一九六〇年（昭和三五）に最初の単行本『拳銃王』を出してから、亡くなる二〇一四年までの間に、大幅に書き直した『新版宿題ひきうけ株式会社』（一九九六年）も含めると、絵本も含めた創作作品で単行本として出版された作品は、三四冊を数える。この他に、「ロボット・カミイ」シリーズの紙芝居や『かえるのむすめ』などの民話、『とよとみひでよし』などの伝記、『きくのやくそく』のような古典の童話化のような作品もあり、これらも含めると、出版された単行本は四四冊にのぼる。

古田の作品は、ＳＦ的な趣向を凝らした『ぬすまれた町』（一九六一年）や、主人公の少年少女がさまざまな困難を乗り越えながら成長するさまを戦国時代を舞台に大衆小説の手法を借りて描いた『うずしお丸の少年たち』（一九六二年）、同じく歴史を舞台にしながら、少年たちが社会の不合理に立ち向かっていく『雲取谷の少年忍者』（一九七一年）など、時代設定も戦国時代から現代までと幅広く、多様なテーマと手法で描かれている。

多様な作品群の中で、成長小説、いわゆるビルドゥングスロマン（Bildungsroman）に分類できる作品が多いが、膨大な創作作品群の中には、代表作ともいえる『宿題ひきうけ株式会社』（一九六六年）、『モグラ原っぱのなかまたち』（一九六八年）をはじめとして、『夏子先生とゴイサギ・ボーイズ』（一九七一年）、『ぼくらは機関車太陽号』（一九七二年）、『だんち5階がぼくのうち』（一九九二年）のように、いじめや不登校、体罰、学びをはじめとする学校教育の内外の問題を取り上げて主題として扱ったものが多い。

古田は子どもと教育の問題に強い関心を払いながら、積極的に発言もおこなった作家だったが、教育と子どもの動向に対して常に敏感であり続け、その時々の教育と子どもの問題と向き合い、子どもと教育について自己の思想を確立することに努めながら作品を発表していった。

古田は、「文学作品にはその作者固有のものの考え方、感じ方が出ている。作品が作者の自己表現であるというのはそのことだろう。その作品を特徴づけているのはその作者独自の思想・世界観と感覚である」と述べた上で、「しかし、児童文学の創作にはもう一本の心棒が働いているのではないか。それは作者のうちにある『子ども感覚』に属しているらしいもの（中略）つまりぼくの考えでは児童文学の創作には二本の心棒が働いている。作者の思想・世界観、感覚一般と、子ども感覚である」と述べている。[注9]
古田は、次のようにも述べている。[注10]

一九六〇年代前半からざっと十年余りぼくは現在の子どもを知ろうとしてきた。学校の教師や母親から子どもの話を聞き、教師、保育者の実践記録や子どもの詩・作文を読み、教育学や発達心理学の本も読み、またちょうど子どもだったぼく自身の子どもなどから学んだ。


教育を主題にしながら創作する場合、古田は自己の教育に対する思想や教育観を作品に込め、さらに子どもの視線を大事にしていたことがわかる。こうした古田の創作姿勢は、いじめ問題を作品化した『へび山のあい子―赤井矢と青いほのおの物語―』（一九八七年）、不登校の問題を核にして書かれた『学校へ行く道は迷い道』（一九九一年）によく表れている。

『へび山のあい子』が出版された一九八七年（昭和六二）は、前年の八六年二月に、「葬式ごっこ事件」として知られる中野富士見中学いじめ自殺事件が起こり、「いじめ」という語が初めてクローズアップされ、社会的な大問題となっていた年である。

この事件は、東京都中野区立中野富士見中学二年の男子生徒が、級友からのいじめに苦しみ、父親の郷里である岩手県盛岡市の駅ビルで自殺した事件である。遺書には、「このままじゃ『生きジゴク』になっちゃうよ」と書かれ、いじめの経緯と概要は新聞、テレビをはじめとするメディアが連日大々的に報道した。

いじめグループによる少年の「葬式ごっこ」では、担任ら教師たちはこの行為を黙認しただけでなく、用意された色紙に担任を含む四人の教師も「安らかに」などと寄せ書きを添えていた。このことが引き金となって少年は自殺にいたってしまう。

後に、担任は、生徒からジョークだと言われ、生徒との連帯が深まるならと考えて署名したと弁解し、世間から激しい非難を浴びることになる。また、寄せ書きに署名したことが明らかになりそうになると、生徒らに口止めを依頼するなど、生徒や事件と向き合うどころか、自己の保身に走っていたことが明るみとなる。担任教諭は事件後に明らかになった学習塾でのアルバイトなどにより諭旨免職、校長と四人の教師に減給などの懲戒処分が下され、校長と二人の教諭は依願退職することになる。

自殺した生徒へ暴力を加えた二人を含む中野富士見中学の生徒一六人は捜査終了後に書類送検されるが、このことを伝えた読売新聞（一九八六年四月二日）の見出しには、「ツッパリ16人一挙書類送検」「〝暴力のウミ〟総摘出」の見出しが躍っている。暴力行為を働いた生徒たちを「ツッパリ」とレッテル貼りした上でウミにたとえ、書類送検して検察の手に委ねることを、体にできた病巣を摘出することにたとえたのである。この見出しを見ていると、教育荒廃が叫ばれたこの時代の荒さみきった教育現場の様子と、検察の手に生徒らの今後を委ねざるをなかった中野富士見中学の多くの教師たちが感じた無力感がまざまざと伝わってくる。

「葬式ごっこ事件」以降、いじめ問題が教育問題を超えて社会問題となっていた一九八七年十月、『へび山のあい子―赤井矢と青いほのおの物語―』が出版される。ストーリーは、あい子が赤い小へびに助けられながら、青い竜の体の中で溶かされそうになった友達三人を救い出すというものである。ただし、青い竜は、へび山島の対岸に横たわるコンビナートの実体と設定さている。そして、あい子はいじめられっ子として設定されている。

『へび山あいこ―赤い矢と青いほのおの物語―』田畑精一・絵　1987年　童心社

教育学者や心理学者がいじめに関する本を執筆する場合、いじめの被害者と加担した少年少女たちの人間関係、家庭環境、担任をはじめとする教師と児童生徒の関係、教職員の関係など、いじめ事件の背景についてデータをもとに詳細に分析した上で、いじめの要因を抽出したり、いじめの経緯と結果の分析から今後のいじめ防止についての考察を行ったりするであろう。

児童文学者である古田は、いじめ問

題に教育学者や心理学者とは異なるとらえかたをし、教育学者や心理学者には見られない視点でいじめ事件と向き合っていく。古田は、いじめられる子どもを、マイナスの存在ではなく、人間の本来的な力を呼び出し、乗り越える力を持つ存在として設定し、その過程を描いていくのである。

古田は、子どもは発達途上の不安だけではなく、巨大な競争社会の渦中に投げ込まれることによる不安を抱える存在だと考えている。そう考える古田が『へび山のあい子―赤井矢と青いほのおの物語―』を自ら解説した文章がある。少し長くなるが引用する。注11

ぼくは一九八七年神話的ファンタジー『へび山のあい子』（童心社）を書いたが、このときこうした不安に立ち向かおうと自覚していた。神話はいわば根源である。神話にはものごとの始まりと、人間の行動の原型があり、イメージと飛躍する物語がある。どう生きるかがわからない時代、生きる根源、原型をさぐって、子どもに提出しようとぼくは思った。

この作品の中でねずみばあさんにあたるものは、青い竜である。人間が稲をつくりだしたころからたたかっている青い竜と赤い大蛇は、人間の心が生み出した双子の兄弟であり、青い竜は人間の苦しみを食べ物にし、赤い大蛇はしあわせによって育つ。この現在、青い竜はコンビナートいっぱいに体をのばし、さらに強力になる変身の機会をねらっている。

そして、いじめられたあい子が、竜の体内にとじこめられて石や金属に変えられようとしているいじめっ子たちを助けにいく。だが、そのためにはあい子は火と水と土の力を手に入れなければならない――。

古田は、「現代の不安と、それと結びあった子どもの心の不安にどう立ち向かうかは、日本の現代社会の課題である」[注12]と考え、その答えを『へび山のあい子―赤井矢と青いほのおの物語―』で表現したのである。

そして、『へび山のあい子―赤井矢と青いほのおの物語―』に書いたいじめ問題以外に、不登校、体罰、子どもの権利といった多くの教育問題を取り上げながら、古田は『学校へいく道はまよい道』を執筆する。

注

9　古田足日『現代児童文学を問い続けて』くろしお出版　二〇一一年　四〇ページ

10　前掲『現代児童文学を問い続けて』四三ページ

11　前掲『現代児童文学を問い続けて』一一七ページ

12　前掲『現代児童文学を問い続けて』一一八ページ

『学校へいく道はまよい道』に描かれた教師

『学校へいく道はまよい道』（草土文化）は、日本子どもを守る会が発行する雑誌『子どものしあわせ』四〇四号（一九八七年五月）から四一八号（一九八八年四月）に連載したものをもとに、大幅加筆して連載時の倍以上の分量に全面改稿して一九九一年（平成三）に出版された作品である。

物語は、小学校五年生の男女四人が、いじめや不登校、体罰などと向き合いながら学校での教育について考え、本当の学びとは何か考え、自分を見つめながら成長していく様子を描いている。古田の教育に対する問題意識と思考が、四人の子どもたちやその周囲の人々の口を借りて語られた作品である。

主人公の一人小川めぐみへのいじめと不登校を中心に物語は展開していく。めぐみがクラスメートからのいじめによって亡霊からの手紙を受け取る場面が描かれているが、これは荒井聖子『やっぱりわたしは12歳―一人の子を守って…母の手記―』（草土文化、一九八六年）に素材を採ったことが「あとがき」に記されている。中学生の友だち関係やいじめの問題への母親の記録と提言が書かれたこの本は、中野富士見中事件で自殺した少年と同じようないじめにあった自分の子どもと向き合った母親の記録である。

『学校へいく道はまよい道』を連載した古田は、中野富士見中事件を強く意識し、いじめ問題を物語の骨格に据えて執筆しようとしたのではないだろうか。だが、いじめを受けた子どもの心の内奥や、いじめをする子どもたちの内奥に深く立ち入り、児童文学作家の視線でいじめ問題に深く切り込んだと言えるまでにはいたっていない。いじめた側、いじめられた側、双方の子どもたちの心理描写は表面的なものに終わっていて、物足りない。

古田は、向上的な子どもの成長を活写することに長けた作家であり、作品に登場する子どもたちが、向上的な自己形成を果たしながら困難を乗り越えていくさまを描くことが多い。そうした人物造形は、古田自身の成育過程と古田の子ども観が強く影響したものであろう。一方で、貧困な環境の中で苦しむ子どもや、家庭内での虐待に苦しむ子ども、障害のある子どもなど、現実には多様な困難を抱える子どもたちが存在するが、そうした子どもたちの描写は弱い。古田は、いじめに苦悩する子どもの心理を理解することが困難だったために深入りすることをためらったのか、『へび山のあい子―赤井矢と青いほのおの物語―』の場合にも見られたように、児童文学作品としていじめを描くには、いじめられた子どもの苦しみをリアルに

『学校へいく道はまよい道』土田義晴・絵
1991年　草土文化

描くより、いじめられる子どもがいじめを乗り越える過程を文学的な設定の中で描くべきだと考えたのか、あるいはその双方の理由によるものだったかもしれない。

『学校へいく道はまよい道』は、いじめ問題以上に、教師という存在や義務教育についての古田の告発と見解が述べられた作品となっている。この二つのことがらについて、古田は最初のパラグラフのタイトルにもなっている「奉仕の罰」を子どもたちに強いる教師野口一男の言動を通して描いていく。

古田は、「宿題をたくさんだすし、ばつをあたえるだけではなく、子どもたちをなぐる先生」（二六ページ）として野口を設定している。そして、忘れ物をした八人の子どもたちを教室の前に並べて、子どもたちの頬を続けざまに平手打ちしたあと、野口は子どもたちに向かって次のように言い放つ（三一ページ）。

「たった二つのことさえやっておけば、たたかれなくてすむんだぞ。きまりを守ることと、勉強すること、このたった二つだ」

この野口の言動を、学校教育に対して抱いていた二つの疑問を込めながら古田は書いたのではないか。一つは体罰について、二つ目は学校とは子どもにとってどのような場なのか、ということについてである。

古田は作品の中に様々な教師を登場させている。『宿題ひきうけ株式会社』の担任の石川先生、『モグラ原っぱのなかまたち』の石川洋子先生、『夏子先生とゴイサギ・ボーイズ』の水沢夏子先生、『ぼくらは機関車太陽号』の川島直光校長と担任の野上先生など、さまざまな教師を造形している。だがいずれの教師も、教師としての造形としては物足りない。これらの作品は、教師の教育活動や教師自身が体現する教育論に焦点を当てた作品になっていない。教師の活動以上に、子どもたちの活動と成長に焦点が当てられた作品となっているのである。

それらに対して、『学校へいく道はまよい道』に登場する教師野口は、明確な輪郭を持って描かれている。教師としての野口は、子どもたちの心に寄り添い、子どもたちの心を受け止めた上で、教師として教育的な指導をしたり、子どもの心に寄り添ったりする教師とは対照的な教師として描かれている。対話によって子どもの行動の理由を探ろうとしたり、子どもの気持ちを受け止めて子どもの人格を全面的に受容しようとしたりする前に、体罰によって子どもたちの心を支配し、有無をも言わせずに従わせようとする教師として描かれているのである。

『学校へいく道はまよい道』に描かれた体罰

教育学者の新富康央は、「教師という職業は、子どもたちから見れば、教師自身の自覚がなければ、ヘッドシップの典型的な組織と言えよう」と述べた上で、ヘッドシップ型の教師について、「学校組織の成員の一員としての『教員』は、子どもたちにとって、『見つめる目』や『支える目』ではなく、『取り締まる目』の存在である」と述べている。そして、「ヘッドシップから、いかにしてリーダーシップ、すなわち『子ども目線に立つ』教師になり得るか。これも教師に問われている課題であろう」と述べる。[注13]

新富の教師論を援用すると、教師としての野口は、『取り締まる目』を持つ典型的なヘッドシップ型の教師といえる。ある日、めぐみをいじめた吉岡と三浦に対して、二人から事情を聴く前に、野口は二人を教室の前に出して、「手をまえにのばし、上体をかがめ、しりをつきだせ」と命じて、教室中の子どもたちに「みんな、ちゃんと見てるんだぞ」「人をいじめるとこうだぞ」と言いながら、教師用の長いものさしで二人の尻を殴打する。めぐみは思わず両手で顔をおおい、「いじめられるのもいや。人がたたかれるのもいや」と思いながら、「自分の心がたたかれる思い」をしてしまう（四〇〜四二ページ）。

子どもたちに事情を聴いたり、なぜそのようなことをしたのか自分の心と向き合わせたりすることをせず、有無を言わせず体罰をふるう行為は、子どもたちの心を恐怖で支配し、子どもたちを思考停止にさせる行為である。こうした行為を「教育」と呼べないことは言うまでもない。しかも、野口が二人の子どもに命じた姿勢は、海軍精神棒で新兵の尻を叩いた、日本海軍で行われていた「ケツバット」と呼ばれる体罰の方法と同じである。このケツバットと呼ばれていた体罰は、高校野球などの少年スポーツの世界では戦後になっても長く受け継がれていた。エラーをした少年、全力疾走をしなかった少年、バットを積極的に振らずに見逃し三振をした少年などは、精神がたるんでいる、とバットで臀部を殴打される制裁を受けてきたのである。

スポーツの世界だけでなく、『学校へいく道はまよい道』が書かれた八〇年代は、多くの学校で教師による体罰が日常的な光景として見られていた。筆者の小・中学生時代（七〇年代）にも、教師による体罰は日常的に行われていた。小学五年生の男児の胸ぐらを持ち上げて黒板に押し付け、口から血を流して気を失うまで繰り返し殴打した教師、音楽の時間にクラシックレコードを聴く間、私語はもとより後ろを振り返ることさえ許さず、反した生徒に近づき無言で平手打ちした教師など、体罰を行っていた教師の顔が今でもまざまざと思い出される。

体罰で子どもたちを支配する行為を戦前の教育と重ね合わせ、不登校の問題とつなげて考える古田の思考は、祖父江孝男編『日本人はどう変わったのか』に掲載された小此木啓吾の文章も影響していると思われる。古田は一九八八年（昭和六三）一〇月の『季刊平和教育』三二号に発表した「『生きる』意味・原風景・民話的想像力」（『現代児童文学を問い続けて』に再録）の中で、戦前と戦後を比較し、戦前に登校拒否児童が少なかった理由に納得する根拠として、小此木の次の文章を引用している。[注14]

戦前には、「精神分析でいう厳しい超自我が子供たちの心に内在化する、そうした教育システムが確立していた。」それは、「一定の社会的ルールを守らなければ生きていけないという大人の側からの権威的命令と、それを実行しないときに加えられる罰に対する恐怖心、そうした心の仕組が子供たちに内在化され」るシステムである。今日ではその権威的命令は崩れ、「民主的な自由な教育の中で」子どもは育つようになったが、その結果、「古い意味での権威的超自我も身につかず、新しい意味での個としての自主的な意欲とか、努力による社会適応性を身につけることができない、そのはざまで登校拒否に陥る子供が目立つようになったということがある。」

戦前の教育が超自我を子どもの心に内在化させる教育システムを確立させる上で、大人には絶対に従うべきものとする大人と子どもの関係性の中での大人からの権威的命令と、従わなかった場合に加えられる体罰が子どもたちを支配していたことを小此木は指摘しているのである。古田が小此木の論文を引用して評論を書いた年からすると、小此木の論文を読んでいたのは、『学校へいく道はまよい道』の連載を行っていた年と重なっていたと思われる。小此木が指摘した、権威的命令と罰による恐怖心で子どもを縛る戦前教育の残像を八〇年代の教育問題の中に見ながら、古田は『学校へいく道はまよい道』を執筆したのである。

日本の教育の歴史を確認すると、体罰禁止の歴史は古い。最初に体罰禁止が明文化されたのは、近代公教育が開始された一八七二年（明治五）からわずか七年後のことである。一八七九年（明治一二）に出された教育令四六条に、「凡学校ニ於テハ生徒ニ体罰（殴チ或ハ縛スルノ類）ヲ加フヘカラス」と規定されている。その後、明治一三年の小学校令、明治二三年の第二次小学校令にも体罰禁止が規定され、一九〇〇年（明治三三）の第三次小学校令四七条では、「小学校長及教員ハ教育上必要ト認メタルトキハ児童ニ懲戒ヲ加フルコトヲ得但シ体罰ヲ加フルコトヲ得ス」と、体罰禁止の一方で懲戒権を認めることを規定している。

戦後教育を規定した一九四七年（昭和二二）公布の学校教育法一一条には、「校長及び教員は、教育上必要があると認めるときは、監督庁の定めるところにより、学生、生徒及び児童に懲戒を加えることができる。ただし、体罰を加えることはできない」と定められている。

法令で繰り返し禁止されてきた体罰だが、いまだに学校教育から体罰は根絶されていない。二〇一三年（平成二六）一月八日に、大阪市教育委員会は大阪市立桜宮高校の二年生男子生徒が教師からの体罰を苦に自殺していたことを公表した。この事件は、世間の関心を再び体罰に向かわせるきっかけになった。

体罰事件が明るみになるたびに社会問題として世間の関心が高まり、文部科学省も繰り返し体罰禁止の徹底を求めてきたが、この事件の後には文部科学省が「体罰の禁止及び児童生徒理解に基づく指導の徹底について」（平成二五年三月一三日）という通知を各都道府県教育委員会、各都道府県知事などに発している。その通知の中で、体罰についての見解を次のように述べている。

体罰は学校教育法第11条において禁止されており、校長及び教員（以下「教員等」という。）は、児童生徒への指導に当たり、いかなる場合も体罰を行ってはならない。体罰は、違法行為であるのみならず、児童生徒の心身に深刻な悪影響を与え、教員等及び学校への信頼を失墜させる行為である。

体罰により正常な倫理観を養うことはできず、むしろ児童生徒に力による解決への志向を助長させ、いじめや暴力行為などの連鎖を生む恐れがある。もとより教員等は指導に当たり、児童生徒一人一人をよく理解し、適切な信頼関係を築くことが重要であり、このために日頃から自らの指導の在り方を見直し、指導力の向上に取り組むことが必要である。懲戒が必要と認められる状況においても、決して体罰によることなく、児童生徒の規範意識や社会性の育成を図るよう、適切に懲戒を行い、粘り強く指導することが必要である。

文部科学省の通知に記された内容は、二〇年以上前に『学校へいく道はまよい道』の中で古田が示した認識と見事に照応している。

ある朝、めぐみは少しお腹が痛かったが家を出る。学校が近づいてくると、体全体がだるくなり、足をひきずるようにして歩くようになる。めぐみは次のように思う（六〇～六一ページ）。

もしも学校で「奉仕のばつ」になって、トイレにとじこめられてしまったらどうしよう。だけど、学校にいかないと、勉強がもっとできなくなってしまう。できないと、また立たされたり、ばつそうじをやらされたりする。こわい。野口先生はこわい。めぐみのからだからつめたいあせがふきだした。

野口の体罰は、文部科学省が指摘しているように、めぐみの「心身に深刻な悪影響を与え」ているのである。やがてめぐみは不登校になっていく。めぐみを心配した母親は、「あの先生、ねっしんだけど体ばつをよくやる先生だそうだし、宿題も多い」と、野口への不信感を増幅させていく（八九ページ）。そして、ある朝、学校に行くことを拒むめぐみの頬をたたく野口に向かって、めぐみの母は「なにをなさるんですか！」と野口の前に立ちはだかりながら、「先生、学校にいかないことはなぐられるほどわるいことなんですか！」と叫ぶ（二一七ページ）。教師による体罰を「教員等及び学校への信頼を失墜させる行為」として古田は描いたのである。

めぐみの母とのことがあって以降、野口は子どもたちをなぐらなくなる。すると、「組のようすがかわり、誠たちも人をいじめなく」なっていく（四二一ページ）。古田は、いじめの加害者だった誠について、「おれたちがいちばんさいしょ『奉仕のばつ』をいっしょにやらされたときから、あいつぴりぴりしてたよなあ」「誠には誠のわけがあって、そのうえ、わたしたちの組は野口先生がすぐなぐるからみんないっそうぴりぴりしてるんだ」（二二六ページ）と、体罰といじめの関係に言及している。文部科学省が、「体罰により正常な倫理観を養うことはできず、むしろ児童生徒に力による解決への志向を助長させ、いじめや暴力行為などの連鎖を生む恐れがある」と述べた二〇年以上前に、体罰がいじめを生む土壌を作ることを指摘した古田の視線は鋭い。

二〇一七年（平成二九）四月、宮城県仙台市の折立中学校二年男子生徒がいじめを中心とした複数の要因により自殺する問題がおこる。二〇一九年（令和元）七月二九日付河北新報には、仙台市教育委員会の第三者機関「市いじめ問題専門委員会」の調査部会が、いじめを継続させた教師の指導を問題視した上で、大声を出した男子生徒の口に粘着テープを貼ったり、居眠りした生徒の後頭部をげんこつで叩いたりした体罰の事実を明らかにし、「周囲の生徒にいじめは許されるとの誤ったメッセージを伝えた可能性」を指摘したことを報じている。

いじめという用語が大きな社会問題として認知されて間もない八〇年代後半に、教師の体罰が暴力を容認する土壌を生むことを指摘し、暴力を是認している教師の言動の問題を告発したことは、児童文学者古田の鋭さとして評価しなければならない。そして、作品を通して読者である子どもたちに問題の所在を知らせ、考える契機を与えたことは、教育学や心理学などの専門諸科学には成し得ない、児童文学が持つ力と可能性を示したこととして注目したい。

注

13 新富康央「『子ども目線に立つ』ことの難しさ―『教育』の持つ構造的、内在的困難性―」（『児童心理』二〇一二年九月号 金子書房）九ページ

14 前掲『現代児童文学を問い続けて』二二一〜二二三ページ

『学校へいく道はまよい道』が描く「義務教育」

不登校になっためぐみをめぐって、古田は学校教育についてのさまざまな疑問を投げかけていく。その一つが、「義務教育」という言葉はどのようなことを意味しているのか、という読者への問いかけである。不登校になっためぐみをめぐって、担任野口の次のような言動が描かれている（二一六ページ）。

けさ野口先生がめぐみをつれにきた。お母さんにはきのうその連絡があったので、お母さんはそのことをめぐみにいった。なんど話してもめぐみは「学校にいくのはいやだ」という。それでけさ先生がむかえにきたとき、お母さんは「どうしてもいやがりますから」と言って断った。するど、先生はいった。

「お母さん、義務教育ですよ。子どもは学校にやらなくちゃ」

この後、どうしても学校へ行きたくないと主張するめぐみに対して、野口は「あまえるんじゃない！」と叫んだかと思うと、めぐみの頬をぴしりぴしりとたたく。すると、めぐみの母は、「義務教育がなんですか！　先生、学校にいかないことはなぐられるほどわるいことなんですか！」と真っ赤になって野口に立ち向かう。

「義務教育」という言葉をめぐってこれ以上の踏み込んだやりとりは描かれていない。だが、この場面から、不登校になっためぐみの描写を通して、誤解されがちな「義務教育」という言葉の意味について考える契機を、読者である子どもたちに提示したことは大きな意味を持つ。

「義務教育」という言葉は、多くの子ども、多くの保護者たちに、大きな誤解を与えながら日本の学校教育は進められてきた。野口のように、「義務教育」の意味を理解できずに教師をしている人間も、残念ながら存在するかもしれない。

一九四七年（昭和二二）に制定された教育基本法には、義務教育について次のような条文が記されている。

第4条（義務教育）　国民は、その保護する子女に、9年の普通教育を受けさせる義務を負う。

② 国又は地方公共団体の設置する学校に於ける義務教育については、授業料は、これを徴収しない。

教育基本法は二〇〇六年（平成一八）に改められるが、新しい教育基本法では、義務教育について、次のような条文を加えながら変更されている。

第5条　国民は、その保護する子に、別に法律で定めるところにより、普通教育を受けさせる義務を負う。

2　義務教育として行われる普通教育は、各個人の有する能力を伸ばしつつ社会において自立的に生きる基礎を培い、また、国家及び社会の形成者として必要とされる基本的な資質を養うことを目的として行われるものとする。

3　国及び地方公共団体は、義務教育の機会を保障し、その水準を確保するため、適切な役割分担及び相互の協力の下、その実施に責任を負う。

4　国又は地方公共団体の設置する学校における義務教育については、授業料を徴収しない。

新旧いずれの教育基本法を見ても、「義務教育」について、子どもが〝教育を受ける義務〟を有することとは書かれていない。義務教育における「義務」とは、〝教育を受けさせる義務〟のことであり、その場合の義務とは、保護者が保護する子に〝普通教育を受けられる機会と環境を与える義務〟のことを意味している。つまり、子どもの立場で考えた時、学校に通い続けなければならない義務は、子どもには一切存在しないのである。

教育基本法は、日本国憲法に即して制定された法律である。日本国憲法の三大原則は、「国民主権」「基本的人権の尊重」「平和主義」であることはよく知られている。ここで言う基本的人権とは、「平等権」「自由権」「社会権」「請求権」「参政権」の五つを指すが、そのうちの社会権は、「生存権」「教育を受ける権利」「労働基本権」の三つを総称したものである。つまり、教育を受けることは、人が人として生存していく上での基本的な人権として重視されるべきことであり、子どもにとってきわめて大切な権利なのである。

日本国憲法第二六条には、教育について次のように明記している。

1　全て国民は、憲法の定めるところにより、その能力に応じて、ひとしく教育を受ける権利を有する。

2　全て国民は、法律の定めるところにより、その保護する子女に普通教育を受けさせる義務を負う。義務教育はこれを無償とする。

憲法と教育基本法の双方を確認することで明らかなように、子どもたちは〝教育を受ける権利〟を有する存在である一方で、学校に通わなくてはいけない義務は、子どもたちには存在しないのである。

多くの日本の子どもたちは、義務教育だから学校に行って勉強しなくてはいけない、と思い込んでいる。政府が管理する学校に、半ば強制されたこととして通学しなければならないものだと思い込んでいるのである。こうした誤解は保護者も同様に有している。その一方で、自分たちは教育を受ける権利の主体であること、さらに、自分たちには学ぶ「権利」があり、「学び」を通して人としての豊かな生を送る権利を持つ主体であることを子ども自身が自覚し、その意味と重要性を理解する子どもは少ない。学校での「勉強」と、豊かな人生を実現するための「学び」の違いについて考える機会も、多くの子どもたちの時間の中には存在しない。

『学校へいく道はまよい道』はフリースクールを運営する東京シューレの奥地圭子氏とその記録・著書や播磨俊子氏らから多くを学んだり、渡辺位編著『登校拒否・学校に行かないで生きる』（太郎次郎社）などをも参考にしたりしたと古田は記している。不登校児童の心を理解することに努めながら、「義務教育」とは何か考えたこと、感じたことがこの作品に表現されていることがわかる。

〈教育児童文学〉

学校に通うことを義務と誤解し、学校に通わなくなってしまうことに罪悪感を抱きながら苦しむ子どもやその保護者にとって、児童文学作品を読むことを通して義務教育の意味について考える機会を得ることには大きな意味がある。

教育学の論文や著作、あるいは教育に関する評論等が、子ども向けに書かれたり子どもの読者を意識したりして書かれることは稀である。日本国憲法や教育基本法を手にして「義務教育」の意味や内容を考えていくことも、多くの子どもたちにとって困難が伴う。そうした子どもたちのことを考えた時、子どもたちが自分たちの問題として「義務教育」について考える場とそのための情報を提供する『学校へいく道はまよい道』のような作品は、自己を省察しながら人の生き方について考えたり、登場人物の気持ちを読みとったりするといった文学的な鑑賞を行うだけにとどまらない、重要な役割を果たしていると言えるのではないだろうか。

そうした期待を抱くからこそ、『学校へいく道はまよい道』では「義務教育」の意味について、もっと踏み込んだ書き方をして、多くの子どもや保護者たちを、誤った「義務教育」への理解から解き放ってほしかったと、一抹の物足りなさも感じてしまう。

創作作品である以上、文学としての評価に耐えうる文学的な作品を書こうとするのは、書き手の立場では当然である。だが一方で、現実の諸問題を正面に掲げてそれらの問題と向き合う要素の強い創作作品の場合、文学作品としての評価だけでなく、描かれた諸問題について、読者が作品からどのようなことを学び、どのような関心を高めたか、そうした影響の強さについて論じたり評価したりすることがあってもよいのではないか。

古田は、「小学生になると、なぜ学校へ行かなければならないのか、ということを哲学的、根本的な問題として考える子も出てくるのである」と述べている。[注15] そして、次のように続けていく。[注16]

こうした子ども感覚は大人の作者が持つ思想・世界観と相互に作用しあって、人間・社会・自然を新しい角度からとらえる働きをすることができる。「皇帝の新しい着物」の「王様ははだかだ」というのはその現われの一つだと考えている。

「文学作品にはその作者固有のものの考え方、感じ方が出ている。作品が作者の自己表現であるというのはそのことだろう。その作品を特徴づけているのはその作者独自の思想・世界観と感覚である」[注17]と考える古田にとって、そこに作用しあう子ども感覚を作品に盛り込みながら、大人が疑わずにいることが多いさまざまな問題を、子どもの目も盛り込みながら作品化していこうとした試みの一つが、『学校へいく道はまよい道』だったのであろう。

この作品は、文学作品としてみた場合、人物造形や心情の描写が物足りなく感じてしまうことは否めない。一方で、体罰や義務教育についての古田の思想を盛り込みながら、子どもが感じる疑問を古田の思想・世界観と融合させて作品化したことは、児童文学作品の新たな可能性を探った作品として評価してもよいのではないだろうか。

古田は評論の中で、児童文学に感じた可能性に触れる際に、「皇帝の新しい着物」のことをしばしば持ち出している。早大童話会に入って童話を選ぼうとした時に、「人間にとってもっとも大切なものを短いことばで表現する」ものが童話だと考えたことを述べている。[注18]「皇帝の新しい着物」に見られるように、社会のあたりまえを疑い、誤りを指摘することを表現するという児童文学が持つ力について、「文学的な評価」だけではなく、読者の子どもが「教育について考える読み物としての評価」をどのように行っていくべきか考えることは必要であろう。

『学校へいく道はまよい道』には、「基本的人権とは？」というタイトルのパラグラフがある。その中で憲法が保障する基本的人権のことについて、登場人物の子どもたちが図書館で調べたり会話したりする様子が詳細に描かれている。読者は、登場人物が作中で考えていく基本的人権について、作品を通して登場人物と一緒に考える機会を持つことができる。また、その流れの中で、「子どもの権利条約」についても作品は触れていく。

「児童の権利に関する条約（United Nations Convention on the Rights of the Child)」、通称「子どもの権利条約」は、一九八九年一一月二〇日に第四四回国連総会で採択された前文及び五四条からなる条約である。日本では一九九四年五月二二日から効力が発生している。

子どもの最善の利益のために行動しなければならないと定めたこの条約は、自分の名前を持ちアイデンティティを持つこと、自分の実の親あるいは文化上の両親によって育てられること、教育を受けること、労働や人身売買から守られること、意見を表明すること、情報にアクセスすることなど、さまざまなことがらを子どもの権利と規定している。

子ども（条約では一八歳未満）のための権利条約なので、本来子どもたち自身がその内容を理解していることが重要である。だが、外務省訳の文章は、理解することに苦しむ、固く難解な文章になっている。そうした事態をうけて、かつてテレビ朝日系列で放送していた報道番組「ニューステーション」では、わかりやすい日本語に訳した子どもの権利条約の訳文を広く募集し、番組で紹介したり、冊子にまとめたりするといったといった取り組みを行った。また、当時一四歳の小口尚子・福岡鮎美によるわかりやすい訳文が、『子どもによる子どものための「子どもの権利条約」』というタイトルで小学館から出版されている。

これらの取り組みと並んで、古田が『学校へいく道はまよい道』の中で子どもの権利条約を取り上げていることは意味がある。古田がこの本を出版した一九九一年は、日本の国会では子どもの権利条約はまだ批准されていない。子どもの権利条約の重要性にいち早く気がつき、自身の作品の中で取り上げたのは、古田の慧眼《けいがん》である。この本で「子どもの権利条約」というものの存在を初めて知った子どもは多かったであろう。

児童文学は、子どもが主人公であることが多い。子どもとその友人関係を描くことも多い。その意味では、多くの作品は「教育」に結びつけて読むことができるであろう。だが、そうした単に子どもが登場するということではなく、古田の『学校へいく道はまよい道』のように、教育を主題にしたり、教師を登場人物にしたり、学校を舞台にしたりした数々の児童文学を含む文学作品が存在することはすでに述べた通りである。作者が意識的に「教育」や「教育問題」を取り上げ、「教育」について作品を通して考えることを主題にしてきたこれらの作品は、〈教育児童文学〉と称することが妥当ではないだろうか。

ただし、教育を作中で扱ったとはいっても、それらすべての作品を同類にすることはできない。それぞれの作品は、内容上さらに大きく二つに分類することができるであろう。一つは、学校や教師、親子関係、いじめやジェンダー問題をはじめとする教育に関することを重要な背景や要素として書かれた作品である。もう一つは、単に背景として描かれるのではなく、教育問題や教育内容など教育に関することがらが主題として取り上げられている作品である。前者を〈広義の教育児童文学〉と呼び、後者を〈狭義の教育児童文学〉と呼ぶことも可能であろう。
〈広義の教育児童文学〉を書いた作家は多い。だが、〈狭義の教育児童文学〉を意欲的に書いた作家は、少ない。その数少ない〈狭義の教育児童文学〉作品を意欲的に書いた作家、それが古田足日だったのである。

注

15　前掲『現代児童文学を問い続けて』四四ページ
16　同前
17　注9と同じ
18　前掲、古田足日・上野瞭「対談　異質の同世代―タルッピ・フルタルの生活と文学」二三ページ

Ⅱ　学校での「学び」へのまなざし

『宿題ひきうけ株式会社』『ぼくらは機関車太陽号』

〈教育児童文学〉三部作

古田足日が児童文学作家として世間に広く名が知られるようになるのは、『宿題ひきうけ株式会社』によってである。一九六四年（昭和三九）一月号から翌年二月号まで雑誌『教育研究』（東京教育大学附属小学校・初等教育研究会）に「進め！　ぼくらの海賊旗」の題で連載したこの作品は、一九六六年（昭和四一）に『宿題ひきうけ株式会社』と改題して理論社から刊行される。そして、一九六七年、第七回日本児童文学者協会賞を受賞している。

『宿題ひきうけ株式会社』は、一九九六年（平成八）に第二章と関連する三章の一部を書き換えた新版を出版している。書き換えた理由は新版の後書きで古田が詳細に説明しているが、アイヌ民族の歴史と文化に対する認識不足を指摘され、自分の無知を反省して関連した第二章を全面的に書き換える、ということを行っている。

この作品について、藤田のぼるは次のように的確に論評している。注19

この作品については、手法の斬新さや状況への切りこみの鋭さといった点はかなり評価されながら、あまりに露骨なテーマ性、また第一章で展開される宿題ひきうけ株式会社の設立から解散に至るまでのストーリーが、その後なんら展開されずストーリーとして破綻しているなど、言わば「意欲的実験作」という評価が大方のようだったと思うが、ぼくはそれとは若干違った感想を持っている。つまり、この作品は子ども読者に迎えいれられる独特の要素、おもしろさを持っていると思うのである。

それは第一に、教室とか学校とか単なる舞台背景としてではなしに、授業の中身の問題等も含めて、丸ごと把えようとする視点を持っていることである。もちろん現在の教育体制の中では様々な矛盾をはらみながらも、やはり子どもたちは毎日の授業の中で得た知識をそれなりに受け止めて、あるいは契機として、自分なりの物の見方、考え方を深めており、そこまできりこんだ作品は、きわめて少ない。

藤田の論評にあるように、この作品の最大の特徴は、「露骨なテーマ性」であろう。『学校へいく道はまよい道』にも見られることだが、教育を主題に据えた古田作品の場合、古田の教育論を作品の中で展開するために登場人物が造形され、古田の教育論を語るために登場人物は作中で話をし、行動しているのではないか、と感じてしまう。登場人物が動いていく中で様々な感情が表出され、その中からリアリティを持って人間の生きざまが描かれていく、というのではなく、古田の教育論を書くために登場人物は鋳型に流し込まれて造形化され、動かされているのではないか、という感想を持ってしまうのである。

また、藤田が指摘する通り、「授業の中身の問題等も含めて、丸ごと把えようとする視点を持っていること」も、『宿題ひきうけ株式会社』の特質を成している。このような、教育を主題にした古田作品が持つ、文学としての弱さと、その一方での〈教育児童文学〉とも呼び得る児童文学作品を通して教育論を展開していく作品が持つ可能性の、その両面が典型的に現れている作品、それが『宿題ひきうけ株式会社』である。

藤田は、この作品の特徴を踏まえた上で、「ぼくはさっきもいったけど、そういう手法が彼のモチーフになっていると思う。モチーフでもあり方法でもあり、思想でもあるみたいな独特のものが、この作品では一番顕著だという感じがするんですね。だから相当押しつけがましいことを書いていながら、読んでいて、そういうことを感じさせないところあるでしょ。（中略）いわば、作家古田足日のよさみたいなものがよく現われている作品だなという気がしているんです」と、この作品を的確に評している。

古田は、「『宿題』の路線―生活の中で社会批判の目を育てながら子どもが成長していく物語として『ぼくらは機関車太陽号』は、『宿題』より完成度が高いでしょう。しかし、おもしろいもので読者へのインパクトはそちらが強いとは限らない。なお、この路線は、ずっとのちの九一年の『学校へいく道はまよい道』でまた現われてきます[注20]」と、『宿題ひきうけ株式会社』を「社会

『新版　宿題ひきうけ株式会社』長野ヒデ子・絵　2001年　理論社

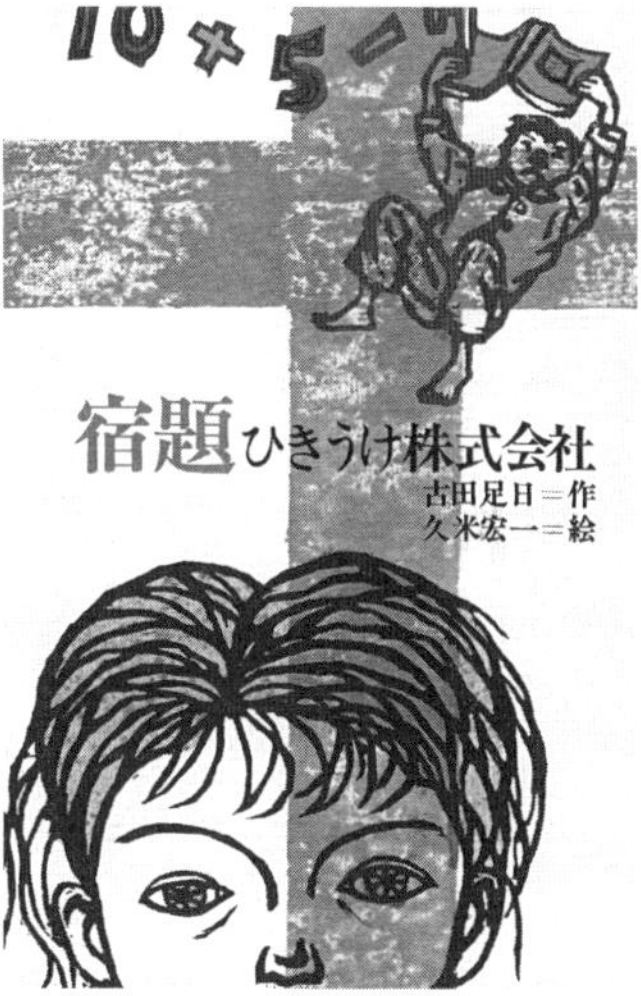

『宿題ひきうけ株式会社』久米宏一・絵　1966年　理論社

批判の目を育てながら子どもが成長していく物語」と類別している。古田自身の類別からもわかるように、学校を舞台にした作品で、内容の関連性から〈教育児童文学三部作〉とも言える作品が、『宿題ひきうけ株式会社』と前章で取り上げた『学校へいく道はまよい道』、そして『ぼくらは機関車太陽号』なのである。そして、その出発点ともいえる『宿題ひきうけ株式会社』は、出版年（一九六六年）からみても、古田〈教育児童文学〉の原像とも呼び得る作品と言えよう。

『ぼくらは機関車太陽号』は、「赤旗日曜版」に一九七〇年（昭和四五）九月から六八回連載した後、一九七二年に新日本出版社から刊行している。物語は、校長から徒歩遠足を提案された子どもたちが、自分たちで遠足のコースを調べてまわり、全員が安全で遠足を楽しめる方法を考え出していく過程を描いていく。

こうした子どもたちの行動は、校長からの提案が契機となっていくが、「あとがき」には、作中に登場するチョコレート校長とあだ名された先生には三人の実在のモデルがいることが記されている。教育現場に取材を重ねながら、その中で見つめた教育問題を作品化したことがわかる。『宿題ひきうけ株式会社』、『ぼくらは機関車太陽号』は、どちらも子どもたちの行動力や発想の豊かさと強さを書いた作品となっている。古田は、上野瞭との対談で、発想や内容が人間の中でも特に子どもに強く出ている特質に根をおろしたものを広義の児童文学とし、子どもの発達段階に対応したものを狭義の児童文学と定義している。この古田説を受けて、上野は、「狭義の方だけを押していくと、教師的発想というか、人生の教師みたいな姿勢がでてくる」と述べる。これに対して古田は、「上野はやっぱり『教育的』と言うかもしれんが、それがどうしたという開き直りもある」と返している。[注21]

そして、「古田足日という一人の作家は、何のために書くかと聞かれたらどういうふうに答えるのかな」との質問に対して、古田は、「おれと子どものため、だよ」と答える。[注22]そして、「おれと子どものため」ということについて、次のような説明を行う。[注23]

おれは西欧の文化は自他の分化がはっきりしている文化だ、と思う。日本の場合には未分化でそこで「自分のために」と言った場合、子どもを無視することが多くなる。最初のころ言ったようにおれが戦後なんとか価値観をつくっていくのは児童文学のおかげだった。その時は児童文学という表現の魅力にひかれているわけで、子どものことは口でいうことはあってもまだかすんでいた。『宿題ひきうけ株式会社』のころから子どもが前に出てきた。その子どもとかかわりあって、子どもだけじゃないが、それでおれはなんとかやってこれたと思う。子どもとの相互作用というのがおれを支えてきた大きな力だ。それを一つの作品にして子どもに返していく。だからすっぱりおれと子どものためなんだな。子どもとともに書くというのが、もっともすっきりするんだけど。

「おれと子どものため」に書いた作品の中でも、古田が完成度としては『宿題ひきうけ株式会社』以上だと自負する作品が『ぼくらは機関車太陽号』である。この作品を書く必要性について、『宿題ひきうけ株式会社』は物語として一貫していないという欠点を持っているために、「新しい現象をつかまえて再挑戦した」作品であったことを古田は述べている。[注24]

これらの発言を総合すると、『宿題ひきうけ株式会社』と『ぼくらは機関車太陽号』は、子どもの発達段階に対応したものを子どものために、そして、それを作品化する書き手としての自分自身のために書いた作品だったことがわかる。

そして、藤田が指摘した「教室とか学校とか単なる舞台背景としてではなしに、授業の中身の問題等も含めて、丸ごと把えようとする視点を持っている」作品として、教育という身近な問題について読者である子どもと共に考えようとする古田の意欲的な〈教育児童文学〉作品、それが『宿題ひきうけ株式会社』と『ぼくらは機関車太陽号』だったのである。

注

20 古田足日「『宿題ひきうけ株式会社』の古田足日さん（談）」（2）（『日本児童文学』二〇〇〇年五・六月号　日本児童文学者協会）七七ページ

21 前掲「対談　異質の同世代―タルッピ・フルタルの生活と文学」三一～三三ページ

22 前掲「対談　異質の同世代―タルッピ・フルタルの生活と文学」三三ページ

23 同前

24 前掲「対談　異質の同世代―タルッピ・フルタルの生活と文学」二九ページ

準備の子ども観

「六〇年代から七〇年代の初めにかけて、『宿題ひきうけ株式会社』は子どもたちにとってはげましであった」というある小学校教師の言葉を古田は紹介している。[注25] 読者である子どもたちにとって、『宿題ひきうけ株式会社』のどのような内容に励ましを感じたのだろうか。

その一つは、当時の子どもたちが直面していた「準備の子ども観」からの圧迫に対して、作中で登場人物たちが疑問を呈していくことにあるのではないか。「準備の子ども観」への疑念は、古田の教育論、子ども論の中では中核を成す重要なテーマである。

古田は、準備の子ども観に関する評論やエッセイを数多く残している。「準備の子ども観」について、古田は次のように述べている。[注26]

なぜそんなに「早く、早く」とせかされることになったのか。一つはわが国が競争社会であるということです。ことに戦後五〇年の後半の二五年の間に、非常に強烈な競争社会になってしまいました。それからもう一つ、競争社会の中で子ども時代を大人になるための準備の時代としてしかとらえなくなったということがあると思うんです。

子ども時代を大人になる準備の時代と考えてしまうと、どんどん勉強をやれということになります。（中略）戦後は国家のためというよりも、企業のためにとなってきました。そうして準備ということが大切になってくると、今度は親の方でも、子どもが将来豊かに暮らせるためには、ある程度今を犠牲にして勉強しなければならないという考えになります。いい成績を取って、いい学校に入って、いい会社に入ると収入は豊かになると。そういう考えがもとになって子どもをせきたてることになったのではないかと思います。この考えを「準備の子ども観」といっておきましょう。

『宿題ひきうけ株式会社』では、学歴社会や準備の子ども観について考えさせられる描写が随所に描かれている。トンちゃんとサブローたちが、プロ野球選手になったテルちゃんの話題から次のような会話をする場面がある（三四〜三五ページ）。

「あのね、お兄さん。ちょっとおうかがいしたいんですが、テルちゃんが一千万円のけいやくて金でスネークスにはいったんですよ。その感想を。ぼくは学校新聞の記者なんです」

たまにしか出ない学校新聞だが、サブローがその記者だということにはまちがいない。兄さんはつめたくいった。

「あいつは特殊な才能があったというわけだ。おれたちはそうじゃない。勉強して、いい学校にはいるよりほか、手はないんだ」

そして、こわい顔をして自転車のペダルをぐいとふんだ。かどをまがっていくそのうしろすがたを見おくりながら、サブローはトンちゃんにたずねた。

「どこへいくの。きみんちの兄さん」

「塾だよ。進学塾だよ」

「いっちゃあ、なんだけど、ずいぶんきげんが悪いね」

「きょうは特別悪いんだ。中学校のテストが二十三番だったからね」

「二十三番？　いいじゃないの。だって三年生全員だろ」

「そりゃあ、三百人のなかの二十三番だけどもね、二十番以内でないと、アサヒ高校にはいれないいんだ」

アサヒ高校──この近くの高校で東大進学りつが一番よい高校だ。

「兄さんはね、一流の高校にはいって、一流の大学を出て、大会社に就職して、ルームクーラーつきの家に住むつもりでいるんだ。そりゃあ、すごいよ。一日に五時間しか寝ないんだからね」

トンちゃんはじまんするようにいった。


「準備の子ども観」が、トンちゃんの口を通して語られている場面である。周知のように、日本は一九五四年（昭和二九）から高度経済成長を遂げていく。昭和三五年から昭和四五年までの一九六〇年代は、高度経済成長のピークとも言える時代であった。一九六四（昭和三九年）に東京オリンピックが開催され、一九七〇年（昭和四五年）に大阪万博が開催される。そして一九六八年（昭和四三）には国民総生産（ＧＮＰ）が、当時の西ドイツを抜き世界第二位となる。

この間、人々は豊かさを求めながら、競争社会に邁進していくことになる。高学歴が豊かな人生につながると考えられるようになり、子どもたちは学歴社会の中の競争に追い立てられていくようになる。

一九六〇年代の日本は、高度経済成長に伴う経済・社会の急速な拡大とベビーブーム世代（一九四七〜四九年生まれ）への対応、そして、教育の量的拡大を推進することが急務であった。ベビーブーム世代の高校進学に対応するために、「高校標準法」を制定し、高等学校の整備に必要な財源を地方交付税で確保しつつ、定時制・通信制高校を拡大し、職業教育も多様化させていった。教員不足に対応するために、大学の学芸学部を教員免許取得を卒業要件とする教育学部に転換する措置が一九六六年（昭和四一）に行われてもいる。

高校進学率が上昇し、受験戦争が激化するのも六〇年代である。戦後間もない一九五〇年（昭和二五）に四二・五パーセントだった高校進学率は、一九六五年（昭和四〇）に七〇・七パーセント、一九七〇年（昭和四五）には八二・一パーセントにまで上昇している。産業経済が発展し、人材需要も増大する中で、所得水準も上昇していく。『宿題ひきうけ株式会社』の中でトンちゃんのお兄さんが目指していた「一流の高校にはいって、一流の大学を出て、大会社に就職して、ルームクーラーつきの家に住む」ということは、こうした現実を反映したことだったのである。

だが、こうした競争社会は多くの子どもたちを追い詰めることになる。学歴社会に生きる中で、子どもたちが次第に追い詰められていく様子を、古田は『宿題ひきうけ株式会社』の次のような場面の中で描いている。

サブローは、自分の部屋の壁に、「自分の計画したことはかならず実行せよ／学校も家庭も地ごくと思え」という標語を貼り付ける。それを見つけた父親に、標語の真意を尋ねられると、サブローは「学校でも家庭でも、どんなにくるしい思いをしても、がんばって勉強しろって、いうことなんだ。鬼に追いたてられているつもりで勉強しなくちゃ、試験に受からないんだよ」と答える（一五〇ページ）。そして、サブローは次のように慨嘆する（一五一ページ）。

サブローはためいきをついた。プラモをつくっていても、心のすみに追いたてられるような気持ちがのこっているのが、両親にはわからないのだ。つまり、地ごくがサブローの心のなかにあることを両親は知らないのだ。そう思ってサブローはおどろいた。

そして、「その地ごくのもとは勉強しろということだ。では、勉強は、といえば、サブローは貯金のような気がしている。いまいっしょうけんめいためておいて、あとでらくをする。つまり就職するまでが、貯金の期間だ」とサブローは考えていく（一五二ページ）。引用したこの箇所は、九六年に書き直された新版の二章からのものだが、旧版の一章でトンちゃんの口から語られた受験戦争の厳しさを受けて書かれている内容である。

こうした「準備の子ども観」は、『学校へいく道はまよい道』にも描かれている。なぜ勉強するのかについて話し合う友と麻衣の次のような会話がある（一三一ページ）。

「わたしね、先生の話をききながら思ったんだ。先生のいうとおりなら、勉強ってのは、おとなになるじゅんびをしていることなんだって。勉強だけじゃないよ、きまりのこともそうだったんだ」

古田の作品に描かれるこうした描写を、たとえ遊んでいたりテレビを視ていたりする時でも、「心のすみに追いたてられるような気持ち」でいて、苦しい思いをしている子どもたちは、日ごろ感じている自己の苦しみを投影させ、大きな共感を持ちながら読んだことであろう。

日本では、殖産興業、富国強兵といった国家目標の担い手を育成することを目的の一つとして近代公教育は創始されている。一八七二年（明治五）に始まる近代公教育では、未来のために今を犠牲にして刻苦勉励することをさまざまな教科を通して子どもたちに奨励した。灯りのための油が買えない貧困の中で、夏は蛍の光、冬は窓辺に降り積もった雪に反射する月明かりを利用しながら苦学した中国の学生の故事が、唱歌「蛍」（現在の「蛍の光」）に歌われたり、薪を背負って歩きながら本を読んだ二宮金次郎が勤勉のモデルとして修身で取り上げられたりした。禁欲的で勤勉に努める子どもが学校内での「良い子」とされ、そのモデルとして二宮金次郎像が各地の小学校に建立されていたのである。

古田は、「『今』というのは将来のためにだけあるわけじゃなく、それ自体かけがえのない時代です。ことに子どもにとってはそうなんじゃないか」と述べ、「準備の子ども観」と異なる子どもも時代の「今」の価値について言及している。[注27]

だが、現在の多くの子どもたちの放課後は、習い事や学習塾に行く時間で占められている。筆者が訪問した全校児童のおよそ七〇パーセント以上が中学受験するという港区のある小学校の校長先生は、学校が終わると塾で勉強し、塾から家に帰ると次は家庭教師と勉強する子どもが多い、と話していた。多くの習い事や塾では、学校と同様に禁欲的で勤勉であることや今の自分を乗り越えることが求められる。その意味では、競争社会に生きることを宿命づけられ、たとえ遊んでいる時でも、常に受験や成績のことが頭から離れず、放課後も含めて生活のすべてが将来のための準備に今を犠牲にした中で時間を過ごすことが多いのが、今の子どもたちの現実なのである。

注

25 前掲「対談　異質の同世代―タルッピ・フルタルの生活と文学」三八ページ

26 古田足日「子どもが『今を十分に生きる』ことの意味」（『子どもの文化』第二八巻第七号、一九九六年七月、子どもの文化研究所）五〇～五一ページ

27 前掲「子どもが『今を十分に生きる』ことの意味・子ども論・子ども観」五二ページ

「準備の子ども観」からの抑圧と解放

『宿題ひきうけ株式会社』の登場人物の一人アキコは、問題集とノートを広げてみたものの勉強する気になれず、図書室から借りてきた「ままごとのあと」という話を読み始める。田圃の小川

にかかった小さな石の橋の上で、二人の子どもが石の欄干の上に蓬《よもぎ》などを乗せて、小石でトントンと叩いてままごとをして遊んでいる。長年にわたって何世代もの子どもたちが同じようにままごとをしながら叩いてきたために、石の欄干はへこんでいる――。

この話を何度も読み返しているうちに、アキコはゆったりとして気持ちが体の中にひたひたと沁みわたってきて、田圃の中の石の橋の上で草を叩いている二人の女の子が脳裡に浮かんでくる。何百年も石がへこむまでままごとをしてきた子どもたちの連綿と受け継がれてきたゆったりとした時間の流れが、アキコの心を支配していたのである。

翌日、仲間とへこんだ石の燈篭を見つけたアキコは、採ってきた草を叩き始める（一六四ページ）。

二人がとってきた草をたたいていると、アキコはなんだか遠いむかしから、自分がここで草をたたいているような気がしてきた。背中に赤んぼうを背おっている感じもする。まわりの子どもたちも、やはり赤んぼうを背おった子どもたちだ。

黒雲のようにアキコの頭のなかにあった〈学校も家庭も地獄と思え〉ということばは、すっかりきえてしまっていた。

いまアキコは、木の葉のあいだからもれる日の光を受け、うっすらとあせをかき、立ちのぼる草のにおいにつつまれ、トントンと小さい音をたてている。

アキコはゆったりとした気持ちでいっぱいになっていた。

ここには、受験戦争に追い立てられる日常から開放された、ゆったりとした時間の意味が描かれている。全ての時間が、〝受験競争に勝ち抜くため〟に使われる生活の中で大きな抑圧を感じていた子どもたちが、抑圧から解放される様子が見事に描かれている。この場面を読んだ子どもは、アキコが過ごすゆったりとした時間に、強い憧れを抱いたであろう。同時に、アキコが感じているゆったりとした気持ちに覆われながら、この場面を読み進めた子どももいたであろう。

評論の中で古田は、子どもの休息と余暇の権利を規定した「子どもの権利条約」三一条を引用しながら、子どもがブラブラすることの重要性にしばしば言及している。時間に追い立てられる子どもと、そこから解放される子どもを描き、子どもたちに「子どもの権利条約」三一条で表明されている休息の権利について、作品を通して考える契機を与えていることは、〈教育児童文学〉が持つ可能性としてあらためて評価されてもよいだろう。

現在でも、子どもの時間はよりよい自己実現のため、向上的発達のため、ということを優先して選択され、大人によって決定されることが多い。その決定では行動を選択する子どもたちの意志は置き去りにされ、大人が考えるよりよい子どもの姿を実現するために、大人たちの意志によって「〇〇のために」なる行動を優先しながら決定されていく。「〇〇のため」を考えてなされる行動選択の原理は、「有用性の原理」とよぶことができる。

「有用性の原理」に従って、将来のためを重視して選択された行動を大人によって示されていく中で、『宿題ひきうけ株式会社』の子どもたちが〈学校も家庭も地獄と思え〉と標語を作るほど、子どもたちはストレスを発生させ、心の中で追い詰められていくことになる。こうした中で、発生したストレスを解消することを、子どもたちは無意識のうちに要請していくことになる。ここで必要となることは、「〇〇のため」に何かを行うこと、つまり「有用性の原理」から自由になり、何ものかのために行うことと無関係の行動に没頭することである。

なんらかの目的を達成したり、有用な何物かを生み出したりするための行動とは無縁で、一見無駄で無意味に思える行動に没頭することこそが、「有用性の原理」から離脱するために必要となるのである。子どもの世界でのこうした行動の典型は、いかなる有用な生産物も生み出すことなくエネルギーがただ消費されるだけの遊びの中に見ることができる。砂場で夢中になって砂を掘り返して遊んでいる子どもたちは、「〇〇のため」に、つまり何かの目的のために砂遊びをしているわけではない。砂を掘り返しては捨て、掘り返しては捨て、という「〇〇のため」とは無縁の行為にただひたすら没頭・没入しているのである。そうした純粋な時間を過ごすことが、「子どもの権利条約」三一条が認める、子どもの休息と余暇の権利の意味なのである。

理論的にこのように説明できることを、〈教育児童文学〉の中で子どもと自分のために表現した古田の感覚は鋭い。「子どもとの相互作用というのがおれを支えてきた大きな力だ。それを一つの作品にして子どもに返していく」と決意していた古田の創作姿勢が、「準備の子ども観」をめぐる一連の描写で見事に結実していると言えよう。

子どもは人的資源？

「準備の子ども観」と関連することが、『学校へいく道はまよい道』に書かれている。それは、人的資源である人材を養成することが教育だ、という教育観である。

勉強をする目的について質問すると、教師野口が次のように答える場面が描かれている（一三〇ページ）。

「それから、これはよーくわかっていることだが、受験ということがあるだろ。いいといわれる学校へいって、大企業にはいって、いい給料をもらう。そういうための勉強もある。これも自分のためだ。しかし、先生は、いい給料をもらうためや会社のなかで出世するためにいい学校へいくということだけでは、さびしいと思うな。自分一人のしあわせのためじゃなく、国際的にかつやくするとか、日本の国のためになるとか、そういう目標をもってもらいたいね。」

ここまでの野口の話は、教育基本法の「第1条（教育の目的）教育は、人格の完成をめざし、平和的な国家及び社会の形成者として、真理と正義を愛し、個人の価値をたっとび、勤労と責任を重んじ、自主的精神に充ちた心身ともに健康な国民の育成を期して行われなければならない」に沿った内容になっている。個人の人格形成を目指しながら、個人のことにとどまらず、「国際的にかつやくするとか、日本の国のためになる」といったことを、様々なことを学ぶ上での目標にしていくことは尊いことである。

だが野口の話はここで終わらない、さらに次のように話を続けていく（一三〇～一三一ページ）。

先生はいったんことばを切ってまたいった。

「つまり、勉強は自分のためだけにやるもんだと思ったら、それはまちがいなんだな。かりに、みんな勉強しないでおとなになったとしてみよう。勉強してないんだから、どのようにしたらテレビをつくることができるのか、自動車をつくることができるのか、さっぱりわからない。それでは社会ぜんたい、日本の国ぜんたいがこまるんだ。買いものぐらいのことなら、ちょっとした計算ができればそれでなんとかなるが、コンピューターをつくるとなると、すごくむつかしい数字をいっぱいつかうことになる。新幹線も高層ビルも先生が子どものときにはなかったものだ。みんなが勉強したからそれができた。社会ぜんたいのためにも勉強はひつようなんだ」

野口の話を受けて、話を聞いていた友は麻衣に向かって「『社会のために』という話のほうが、

『自分のために』ということよりよくわかったよ。だけど、社会のために勉強するなんて、なんだかつまらないよなあ」と感想を述べる（一三一ページ）。

野口が、新幹線の開発や高層ビル建設のことをあげながら、「社会ぜんたいのためにも勉強はひつようなんだ」と述べたことは、戦後の日本の社会が教育に期待したことをよく表している。

東西冷戦が激化する中で、一九五七年（昭和三二）にソビエト連邦が人工衛星スプートニクを打ち上げたことは、戦後の教育に大きな衝撃をもたらした。アメリカは、科学技術の開発でソ連との競争力を高めるために、子どもの意欲や関心を重視するそれまでの経験主義的教育から、理数系の人材育成を重視した教育へと転換していく。日本も、アメリカの教育方針の転換を見ながら、他の国々に科学技術の開発で劣らないよう、産業社会の担い手となる科学技術者の人材需要に応えるために、大学設置基準を緩和して、国公私立大学の増設を図り、大学の量的拡大が進められていく。

一九六〇年（昭和三五）には、池田勇人内閣が所得倍増計画を打ち出していく。所得倍増計画とは、経済成長率を実質七・二パーセントで維持しながら、一〇年後の一九七〇年（昭和四五）には国民総生産を二倍に引き上げることを想定して、社会資本の整備を進めていくという計画である。所得倍増計画の推進のための社会資本の整備に寄与していくために、教育関係予算も前年比一〇パーセント以上の伸びで推移していった。人々も、より豊かな生活を手に入れるために、高い学歴を求めていくようになる。

教育制度の改革も、人々が高い学歴を求めることを後押ししていく。太平洋戦争後の戦後の教育改革は、初等教育までは全ての子どもが共通の教育を受けるものの、中等教育以降は生徒の進路によって学校が分かれる戦前までの複線型教育制度を、初等教育から中等、高等教育までの学校体系が一本に貫かれ、全ての子どもが能力に応じて各段階の教育を受けるように機会を均等にして開放した単線型の教育制度に変えた。単線型教育制度の導入は、高等教育を受ける子どもを増大させ、教育の量的拡大を推し進めていくことになる。

戦後の教育制度が単線型になったことは、全ての国民がその能力に応じて等しく教育を受ける機会を保証することを掲げた日本国憲法第二六条を具現化したこととして意味がある。そして、家の事情などで進学を断念せざるを得なかった子どもが多かった戦前の社会から、世の中が民主化へと大きく変化し、能力と意欲に応じて平等に教育の機会が得られ、自己の能力を開発できることを象徴的に示す出来事であった。

戦前の単線型の教育制度の下では、教育を受ける機会を断念し、大きな挫折と苦しみを味わいながら成長する子どもが多かった。職人の子どもに生まれた作家の中野孝次は、中学に進学したいと願いながらも、「だめだったら、だめだ。職人の子に学問はいらない」と父親に撥ね付けられ、家の事情で中学進学を断念せざるを得なかった苦悩を次のように記している。[注28]

進学、すなわち上級学校に進める者は、どのクラスでも十人いるかいないかであった。しかもそれは勉強が出来る出来ないに関係なかった。家庭の貧富の差がそのまま反映するのだった。（中略）むろん出来ることなら進学したい。また、成績ならそのころはクラスの十番以内に入るくらいになっていたから、進学する能力はあると思う。だが、それを決定するのは自分じゃない。親だ。親の経済状態なのだ。

これは、子供たちが生まれて初めて突き当たった、最もムゴイ社会のふるいわけであった。

中野のような挫折を味わわなければならなかった子どもたちに、等しく能力に応じて機会が開かれたことは、戦後教育の大きな進展であり、多くの子どもたちに大きな喜びをもたらした。だが、子どもたちに機会の均等をもたらし、戦後復興と高度経済成長を支えた高等教育の量的拡大は、同時に熾烈な受験戦争を生み出していったことも、また事実である。

さらに、小学校が一九七一年（昭和四六）、中学校が四七年、高等学校が四八年に「教育内容の現代化」を目指して改訂された学習指導要領は、教育内容の大幅な拡大を実現し、その結果、それまでにない膨大な量の知識の詰め込み教育が行われるようになる。六〇年代から七〇年代にかけて進行した、過酷な詰め込み教育と受験戦争激化の中で、子どもたちは心身ともに疲弊していった。

古田が『宿題ひきうけ株式会社』の中で描いた、一日五時間しか睡眠せず、豊かな生活を手に入れるために、一流高校一流大学を目指したトンちゃんのお兄さんの生活は、詰め込み教育と受験戦争の中で疲弊していた子どもたちの象徴的な姿だったのである。

注

28　中野孝次『わが少年記』弥生書房　一九九六年　四六〜四七ページ

相対評価、絶対評価

詰め込み教育や受験戦争の中で、子どもたちを苦しめる要因にもなっていた成績評価についても『宿題ひきうけ株式会社』の中の子どもたちは発言している（二二〇〜二二一ページ）。

「きみは通信簿に1や2だけが、ずらりとならんでいる子の気持ちを考えたことがあるかい。その子はもう前の学年のこともわからないし、休み時間になると、コウヘイたちに一番いじめられたんだ」

（中略）

「すわれよ、サブロー君。その子には、ぼくたちが前の学年のこと教えてやって、コウヘイ君にも勉強させて、みんなが百点とるようにすりゃいいんだろ」

「そんなことできやしないよ、自分だって百点とれないのに」

と、サブローのけんかあいてはそっぽをむいた。同時に、マドちゃんもいった。

「むりだよ、タケシ君、通信簿ってのはね、5になる人はその組の何分の一、4は何分の一ときめられているんだ。だから、国語なら国語の成績1の人は、いつだって何人かはいるんだ」

「そんな、ばかな！」

「ばかなといってもしかたがない。えらい人のきめたことだ」

タケシは笑いだした。

「ぼく、そんな人のこと、えらい人だなんて思わないよ。第一、アキちゃんがいつかいってたけど、優等賞なんて、なくしちまえばいいんだよ。かわりに社会科賞だとか、理科実験賞だとか、いろんな賞を出せば、みんながもらえるんだ」

「そのことも、新聞に書け」

と、マドちゃんがいった。

ここには、それぞれの成績を、集団の中での周囲との差や平均との差によってつける相対評価という評価の仕方への疑問が子どもの口を通して述べられている。相対評価の仕組みを聞いて、「そんな、ばかな！」と叫んだタケシの思いは、多くの子どもたちが共感したであろう。

子どもたちが学校で学ぶ初等教育と中等教育の教育課程は、学習指導要領に示されてきた。一九六〇年代に教育の量的拡大が続く中で、小学校の指導要領改訂がどのように行われたか、概観してみる。

一九七一年（昭和四六）改訂による詰め込み教育の激化の後、その是正を求めて、各教科の目標と内容を絞ってゆとりある教育の実現を目指した指導要領が一九八〇年（昭和五五）に実施される。

教育の量的拡大が行きついた先に待っていた校内暴力をはじめとする教育荒廃が社会問題となる中で、一九八四年（昭和五九）に臨時教育審議会が設置される。八七年の第四次答申まで、「個性重視の原則」「生涯学習体系への移行」「国際化、情報化など変化への対応」などを盛り込んだ四つの答申をまとめ、従来の知識偏重とは異なる、「新しい学力観」を打ち出す。自ら学ぶ意欲や思考力、判断力、表現力などの資質や能力を重視する「新しい学力観」は、現在に至るまで、教育の根本に位置づく学力観となっている。

臨教審答申の内容も踏まえた一九九二年（平成四）の改訂では、教科の学習内容をさらに削減した学習指導要領が実現する。二年生までは、社会科と理科に代わって生活科を新設したのも、この時の指導要領である。道徳教育の充実などで社会の変化に自ら対応できる心豊かな人間の育成を目指す指導要領でもあった。二〇〇二年（平成一四）の改訂では、教育内容を厳選し、「総合的な学習の時間」を新設、さらに、「生きる力」の育成を宣言した、いわゆる「ゆとり教育」を目指した指導要領となる。

臨時教育審議会で打ち出された「個性重視の原則」や「新しい学力観」は、評価方法にも影響を与える。評価方法が、それまでの相対評価から絶対評価へと変化するのである。

二〇〇〇年頃から行われ始めた絶対評価は、二〇〇二年の学習指導要領改訂を受けて、指導要領が示す目標に照らしてその実現状況を見る評価を、「集団に準拠した評価」、いわゆる相対評価から、「目標に準拠した評価」、いわゆる絶対評価へと改めたのである。

文部科学省は、絶対評価を導入した理由として、次の五つを挙げている。①児童生徒一人一人の進歩の状況や教科の目標の実現状況を的確に把握し、学習指導の改善に生かすことが重要であるが、そのためには、目標に準拠した評価が適当であること、②学習指導要領に示す基礎的・基本的な内容の確実な定着を図る観点から、児童生徒が学習指導要領に示す内容を確実に習得したかどうかの評価を一層徹底する必要があり、そのためには、目標に準拠した評価が優れていること。③各学校段階において、児童生徒がその学校段階の目標を実現しているかどうかを評価することが、上級の学校段階の教育との円滑な接続に資する観点から、重要となっていること。④新学習指導要領では、習熟の程度に応じた指導など個に応じた指導を一層重視しており、学習集団の編成も多様となることが考えられるため、指導に生かす評価の観点からは、目標に準拠した評価を常に行うことが重要となること。⑤少子化等により、かなり広範囲の学校で、学年、学級の児童生徒数が減少してきており、評価の客観性や信頼性を確保する上でも、集団に準拠した評価を図ることが必要となっていること。

相対評価に対して、「そんな、ばかな！」と叫んだタケシたちが、絶対評価を導入した文科省の理由を聞いたらどのような会話をしただろうか。古田がこの文科省の説明を読んだら、作品の中で子どもたちに、強い違和感を表明させたのではないだろうか。

ここに示されている理由は、いずれも指導する側、つまり教育委員会や学校や教師の立場に立って絶対評価を導入した理由が述べられている。全て、指導する立場からの理由が述べられているのである。子どもの目線に立って、評価される子どもの立場で相対評価を批判し、絶対評価を導入したものではないことが明らかである。

相対評価への疑問に対して、子どもたちはその問題をどうすれば解決できるか考えていく様子を、古田は描いている（二三一〜二三二ページ）。

「わかったよ、ぼく。五年の二学期ずいぶん勉強したつもりで、試験の点数も、わりあいよかったのに、算数なんか一学期の4から3に落ちてたんだ」

とサブローが口をとがらせた。ヨシヒロがいった。

「あのときは、なんだかみんなよく勉強したからね」

「勉強して点数が落っこちるなんて、わりがあわないや。ばかげている」

（中略）

「実力どおりに通信簿の点数がつけばいいんだ」

（中略）

「だけど、そうきまっているんだから、どうしようもないんじゃないか」

ヨシヒロがいうと、タケシはくびを横にふった。

「そうきまっていることをかえればいい」

（中略）

「だけど、通信簿のつけ方は文部省できめてるんだろ。地球儀なら校長先生が買うことができるけど、通信簿はむりじゃないかな」

「じゃ、文部大臣にいえばいいよ」


この会話を古田が描いてからおよそ四十年後、『宿題ひきうけ株式会社』の子どもたちが願った絶対評価の導入が実現されることになる。だが、文部科学省が絶対評価の導入を決めたにも関わらず、学校現場では、いまだに相対評価が根強く行われている。


二〇一九年（令和元）の第一学期の評価作成のために、北関東の某県の某小学校が教職員に配布した資料の冒頭には、「評定は絶対評価で行うが、相対評価を基本とする。（観点別評価にも注意する。）」と記されている。その上で、評定の割合の参考として、下の表が掲載されている。

「絶対評価で行うが、相対評価を基本とする」という矛盾した内容の文章は、

評定	十分満足	おおむね満足	努力しよう	
割合（%）	30 ～ 40 程度	50 ～ 60 程度	10 ～ 20 程度	＝ 100%

どのようなことを意味しようとしているのであろうか。この文章と補足の表が教職員に配布され、評価が行われていることからすると、文科省の方針にもかかわらず、絶対評価は建前にすぎずに相対評価で評価することがいまだに行われているということになる。

一九七三年（昭和四八）に出版された「新装版あとがき」に、古田は、通信簿の表現は自由であり、指導要録記載の評価も五段階のパーセントによる枠づけは無理にしないという六一年の文部省の通達を紹介しながら、その通達が学校現場に徹底していないことを指摘している。相対評価と絶対評価をめぐって、数十年間、同じ現象が繰り返されているのである。

なぜ、相対評価がなくならないのであろうか。必要としている理由、それは、受験の存在である。受験制度の中で内申点を付けることが求められている以上、教師はその根拠を相対評価に求めざるを得ないということが、相対評価が行われ続けている大きな理由の一つであろう。

相対評価は、受験を実施する高等学校、大学の側が内申点を合格者判定の上で必要としている以上、なくなることはないであろう。「新しい学力観」が、知識の量ではなく、学びに向かう意欲や思考し行動し表現する力だと言っても、受験が知識量を問うことからいまだに脱却できないことと同様である。「新しい学力観」を個人の学力として尊重する社会の実現も、相対評価から絶対評価に評価方法が移行する社会の実現も、ともに受験内容や受験における判定方法など、受験の変革なくしてはあり得ないのである。

文部科学大臣が方針を示すだけでは変わっていかない現状を知ったら、『宿題ひきうけ株式会社』の中で子どもたちは、それへの疑問や不満をどのように表明しただろうか。

〝認められる〟こと

相対評価で評価されることに苦しんでいた子どもたちが望んでいたこと、それは〝認められる〟ことである。

『宿題ひきうけ株式会社』の中に登場するコウヘイをめぐって子どもたちが会話する場面がある（二一七〜二一九ページ）。

「あのね、三宮先生が始業式の日に二宮金次郎の話をして、人間はだれでも人にみとめれたい気持ちを持っているといったんだ。コウヘイ君もおなじで、人にみとめられたかったんだ」
「人にみとめられたくって、人をいじめたのかい」
「わたし、タケシ君とちょっとちがうわ。コウヘイ君は自分の力をありったけ出してみたいと、思ってるのよ」

（中略）

「カワイさんの姉さんは、サクラの子保育園につとめてるんだ。学生のときから、やりがいのあるしごとだと思っていたんだそうだ。ところが、給料が安いんだって。給料が安いってことは、自分の力をせいいっぱい出しても、みとめられないってことだろ」

（中略）

「だけど、それ、大人のことじゃないか」

「大人だって、子どもだっておんなじだ」

（中略）

「給料はもらわないけど、優等生は優等賞をもらうだろ。それがコウヘイ君の気に入らないんだ」

マドちゃんがほおづえをやめて、体をおこした。

「あ、そうか。コウヘイ君は、そこで腕力の優等生になろうとしたわけだ」


この会話は、子どもが学校での評価への不満をどのように感じているのか、鋭く描き出している。子どもたちは、相対的に評価されることだけが不満だったのではなく、評価の対象が〝学力〟だけであることも不満だったのである。そして、学力だけしか見ようとせず、それぞれの子どもが持っている多様な力と可能性を評価してくれないことに不満を感じていたのである。

子どもの成績は、「観点別学習状況の評価」と「評定」で行われている。観点別評価とは、「関心・意欲・態度」「思考・判断」「技能・表現」「知識・理解」の四つの観点から見た学習状況の評価のことである。「新しい学力観」が、知識・技能だけでなく、学ぶ意欲や思考する力、判断する力、表現する力など、知識の量だけでない幅広い学力を求めていることに対応した評価である。

だが、子どもが持つ力は、これらの「学力」だけではない。コウヘイのような腕力を持つ子ども、ミツエのように人の心を理解できる子ども、アキコのように周りと協調できる子どもなど、子どもの持つ力は多様である。子どもたちは、そうしたそれぞれが持つ力も認めてほしい、と願っていることを、古田は『宿題ひきうけ株式会社』の中に描いたのである。

認めてもらうことで、子どもは居場所を見つけることができる。そして、他者から認められることで、子どもは自己肯定感を高めていくことができる。学力だけで評価される学校という空間で、自分の存在を実感することができず、自己肯定感を高めることができなかった子どもたちは、その苦しみをコウヘイのように他者へのいじめに向けることもあった。

古田が『宿題ひきうけ株式会社』を書いてから十年ほど後になると、詰め込み教育と受験戦争の中で自分の居場所を感じられず、他者から認められる経験も持てなかった子どもたちは、校内暴力に代表される〝教育荒廃〟と呼ばれた様々な問題行動を起こすようになる。

自分たちをただありのままに認めてほしいと願ったコウヘイのような、学校という空間の中で自己肯定感を感じられずに苦しむ子どもたちが描写されていることも、『宿題ひきうけ株式会社』を読んで多くの子どもが共感した理由であろう。

日本の学校神話

日本の子どもたちを苦しめてきたことの一つに、日本社会に根強くはびこってきた〝学校神話〟があげられる。〝学校神話〟とは、学校に行くことは何よりも優先されなければいけない大切なことであり、学校こそが教育の場であり、学校こそが学びの場であり、学校こそが人間を成長させ、学校こそが人間をさらに上の暮らしに引き上げてくれる場だ、という〝神話〟である。〝学校神話〟について、考えさせられる映画がある。東京都墨田区の夜間中学を舞台にした山田洋二監督による一九九三年公開作品『学校』である。

舞台となる夜間中学とは、市町村が設置する中学校において、昼間の時間帯に通学できない生徒のために、夜の時間帯に授業が行われる公立中学校の夜間学級のことをいう。戦後の学制改革に伴い、日本の学校制度内部に変則的に生じた教育形態で、一九四七年大阪に初めて出現している。またこうした公立の夜間中学とは別に、ボランティアが運営する自主夜間中学も存在する。学校には、戦後の混乱期の中で義務教育を終了できなかった人や、本国で未就学だった外国籍の人など、年齢も性別も国籍も多様な人々が学んでいる。二〇一九年現在、中学校夜間学級（いわゆる夜間中学）は東京都、埼玉県、千葉県、神奈川県、京都府、大阪府、奈良県、兵庫県、広島県の九都府県に三三校が設置されていて、文部科学省では、夜間中学が少なくとも各都道府県に一校は設置されるよう、その設置を促進しようとしている。

映画の中に、猪田幸男（田中邦衛）という中年の男性が生徒の一人として登場する。年齢からすると、戦時中か戦後すぐのベビーブームの時代に生まれた人物という設定であろう。カタカナや足し算、掛け算の勉強を、仕事が終わってから夜間中学で汗をかきかき学ぶ人物である。競馬が唯一の趣味で、周りから愛されていたイノさんと呼ばれるその男の人生は、想像を絶する苦難の連続であった。

小学校入学の年に父を亡くし、目の見えない母が倒れた後、妹の世話をしながら学校に通うという辛酸をなめながら成長する。小学校三年生の夏に妹が川遊びをしていて溺れて死亡してしまう事故があり、イノさんは自分を責めながら家を飛び出してしまう。映画では触れられていないが、その後、イノさんは学校に行かなくなってしまったのだろう。二〇歳の年に上京し、ブタの餌集め、鉄工所の屑鉄集め、食堂の厨房の掃除などさまざまな仕事に就くが、五〇歳を過ぎて、初めてメリヤス工場の社員に採用される。嬉しくて十年ぶりくらいに山形にいる母親に連絡すると、目の見えない母親は、その一週間前に自動車に轢かれて死亡していた。悲しみの中で、イノさんは、「勉強しなきゃだめだぞ、勉強しなきゃえらい人間になれないんだぞ」と言っていた母の言葉を思い出し、学校に行って勉強することを決心する。

母親の言葉を思い出して、勉強しなければ、と思ったイノさんが勉強する場として考えたのは、〝学校〟だった。学校以外にも、通信教育をはじめとして、働きながら学ぶ場はたくさん存在する。それにもかかわらず、学ぶ場は学校だ、と考え、イノさんは苦労の末に夜間中学という学校を探し出す。

おそらくイノさんの母親が言う勉強も、学校での勉強を意味していたであろう。学校で勉強することによって「えらい人間になる」ということも、単に社会的地位を得て出世するということだけでなく、人として豊かな人間性を獲得して人から尊敬されるような生き方ができる、といった広い意味での「えらい人間」を意味していたのであろう。ともあれ、戦後の混乱期をくぐり抜け、高度経済成長期を生きてきた人々が、学校という存在をどのように受け止めていたのかがよく伝わるシーンである。

『学校』に描かれた〝学校神話〟は、学校という神話を肯定的にとらえ、その神話を信じながら勉強する生徒が描かれている。一方で、『学校へいく道はまよい道』には、中学三年生の時に不登校を続けていた和也が、友や麻衣たちに、〝学校神話〟への疑問を話す場面が、次のように描かれている（二三二〜二三三ページ）。

和也はいった。

「おれ、まえ本間先生のことを話したろ。本間先生はおれが五年になったとき遠くの学校へ転勤した。その本間先生にある日、ばったりであったんだ。こっちにきてからのことで、おれ二度めの中三をずうっと休んでるのでなんとなくうしろめたい感じだった。そのことを話すと、先生はこういった…。

『勉強することと学校へいくことはおなじではないのよ』

おれはあっと思った。それまで親につれられて病院へいったり、相談所のようなところへもいったりしたんだけど、そういうところの先生は学校へいくのがとうぜんで、いかないのはおかしいっていうんだな。ところが、本間先生はそうじゃないといってくれた。おれ、うれしかったなあ。

そら、さっきめぐちゃんが息がらくになったといっただろ。おれもそうだったんだ。その晩ねどこにはいっても、本間先生のそのことばが、おれの頭のなかで気持ちのいい音楽みたいにひびいていて、おれはらくになったんだ」

友もあっと思っていた。

…そうなのか。学校へいくことと勉強することはおなじことではないのか。

いままで考えてもみないことだった。

『学校へいく道はまよい道』を通して義務教育について考えた際に、義務教育なのだから、学校へ行くことと学校で勉強することは義務だ、と誤解している子どもと保護者が多いことを述べた。和也は、「縄文時代のはじまりからいままではざっと一万年といわれるけれど、子どもみんながいく学校というものがつくられたのはせいぜい百年ぐらいまえのことよ。それなのに多くの人が、むかしから子どもは学校へいっていた、いかなきゃならないものと思いこんでるのよ。だいいち、きみ自身がそうじゃないの」という本間先生の言葉も紹介している（二三三ページ）。

『学校へいく道はまよい道』の中で、古田は、子どもたちが学校に行かなければいけないと思い込むようになったのは、そう遠い昔ではないと本間先生に語らせている。つまり、〝学校神話〟は、ある時代の中ででき上がったものであって、普遍の真理ではないことを物語っているのである。では、日本の子どもや保護者たちが、学校へ「いかなきゃならないものと思い」込むようになったのはいつ頃のことであろうか。

日本の近代的公教育の開始は、一八七二年（明治五）の学制発布によって始まっている。学制発布後は、江戸時代まで寺子屋をしていたお寺の本堂を学校にしたり、地域の人々の寄付で学校を建築したりするなどして学校教育がスタートしていく。一見、近代公教育は順調に開始されたかに見える。

だが、就学率は容易には上昇しなかった。学制発布翌年の一八七三年（明治六）において、男女平均二八・一パーセントにすぎなかった就学率は、文部省や地方の学事関係者の努力によって年々増加をみるものの、一八七五年（明治八）には三五・四パーセント、一八七七年（明治一〇）には三九・九パーセントであった。その後も上昇速度は鈍く、一八八五年（明治一八）で四九・六パーセントと、五〇パーセントに満たない状況であった。

こうした状況の中で、一八九〇（明治二三）年に出された「小学校令」を機に、各府県ではさまざまな施策を立案して就学を積極的に督励していくことになる。各地で「教育品展覧会」を開いて、教育への人々の関心を高めることを進めていくが、就学督励を目的とした『子供勧学世ノ中十首』（福島県安達郡石井村中村恵厳、明治二八年）といった冊子を発行して勧学を進める地方もあった。内容は、「一　古《いにしへ》ノ聖《ひじり》ノ道ヲ学バズバ鳥獣《けだもの》ニ劣ル世ノ中」に始まり、「十　慈悲深ク物知ラザルヲ誘《いざな》ヒテ学ビノ道ニ入レヨ世ノ中」まで、短歌形式による就学督励のための標語が掲げられている。訴求力を持つ短歌形式の標語の出版物を用いて、石井村（現福島県二本松市）の人々に就学の大切さを訴えたのである。

二〇世紀を目前にした一九〇〇年（明治三三）頃には、就学率はようやく九〇パーセントを超えるようになる。就学督励のための施策の成果が現れはじめたのである。また、日露戦争後に国内で進んだ産業革命により、産業構造が変化して、人々のライフスタイルが大きく変動しつつあったことは、就学率上昇の要因となっていく。土地を離れて都市に流入する人々が増大し、都市中間階級・新中間階級と呼ばれるサラリーマン階層の人々が社会の中に増大すると、生活基盤としての土地を持たない彼らは、教育によって社会階層の移動を図ろうとするいわゆる「教育家族」となっていく。彼らの教育に対する高い意識は、就学率上昇に大きく影響するとともに、〝学校神話〟を形成していく。

だが、サラリーマン層の「教育家族」の中で形成されつつあった〝学校神話〟は、まだ全ての人々の間で共有されるものとはなっていなかった。〝学校神話〟が全ての人々の間で共有されるためには、貧困から脱却する必要があった。

宮城県を中心に、貧困と就学の関係を見てみる。近代以降も、宮城県は、繰り返し冷害による凶作に襲われている。ヤマセが到来した一九〇五年（明治三八）の大凶作は、天明・天保の飢饉以来といわれる記録的な大凶作で、平均気温は平年より四度近く低く、降水量は平年の一・五倍に達した。一九三四年（昭和九）と翌年に二年続いた大凶作では、農村の子女の身売りが深刻な問題となった。

凶作は教育に深刻な影響をもたらし、教員の給与未払い、児童の出席率の低下、就学困難児童の増加といった現象を惹き起こしていく。特に深刻だったのが、就学困難な児童の増加である。『宮城県教育会雑誌』（第一一五号、明治三九年四月）に、宮城県南部の農村の凶作による教育への影響が「伊具郡の凶作教育実施状況」として報告されている。[注29]そこには、「貧困児童に対し学用品昼弁当被服類等給与若しくは貸与の学校名及其児童の数並に之に関する状況」が並べられ、「角田小学校に於て学用品及教科書を給与したるもの四十名昼弁当を給与しつゝあるもの廿五名あり」「大内小学校に於て被服を給与したるもの四十二名教科書を貸与したるもの十五名学用品を貸与若くは給与したるもの三十三名あり」などと報告されている。子守をしながら就学する児童も多く、「子守のまゝ出席を奨励し之を実行せる学校名及其児童数」として、北郷小学校六六名、大張小学校一二名、藤田小学校二〇名など、各学校の子守児童の数が報告されている。

こうした状況は大正時代になっても好転しない。一九二四年（大正一三）一二月の『宮城教育』三〇六号には、欠席の原因として貧困者が多いことを挙げた上で、家事手伝いのため、子守のため、雨具を持っていないため、晴れ着がないため、と欠席事由を説明している。[注30]

この報告では、「雨天時に於ては、欠席者在籍四百五十人中百五十人に達するは平常なり」と補足しているが、雨具がないことは、全国の貧困な家庭の保護者と子どもにとって大きな問題であった。長崎県平戸市田助尋常高等小学校の近藤益雄は、自らの実践記録を『こどもと生きる』にまとめている。近藤は、一九三五年（昭和一〇）四月から三七年三月まで尋常科五・六年女子を受け持つが、家庭訪問の際に道具や何かで困ることがないか保護者に聞くと、雨の日に雨具がないことだという答えがかえってくる。[注31] 雨の日に欠席が多くなることは、一九二六年（大正一五）に千葉県袖ケ浦の長浦小学校に赴任した平野婦美子の『女教師の記録』にも、「雨の降る日は十二、三人も休みます。雨具がないからと云ひます。バスに乗つたり電車に乗つたりして通ふ附属の子供とは大へんな違ひです」と記述されている。[注32] 〝学校神話〟がほぼ全ての人々に共有されている現代で、雨具がないから学校を休ませる、などということは信じ難いことであろう。こうした事実からも、昭和の初めは、まだ〝学校神話〟が浸透していなかったことがわかる。

夜間中学で学ぶ人々の中に、戦後の混乱期の中で学校に通えなかった人々がいることは先ほど紹介した。戦後になっても、学校より生きることが優先され、〝学校神話〟はまだ確固たるものにはなっていなかったのである。それでは、学校にはどのようなことがあっても行かなくてはいけないもの、といった〝学校神話〟はいつ頃全ての人々に共有されるものとなり、子どもたちを圧迫するようになっていくのだろうか。

それは、『宿題ひきうけ株式会社』や『ぼくらは機関車太陽号』が書かれた六〇年代から七〇年代にかけての高度経済成長期であろう。すでに見てきたように、この時期には、教育の量的拡大が進み、人々はより豊かな生活を求めて高学歴を求め、学校こそが最も大切な場であるという思いにとらわれるようになっていく。

総務省統計局のデータによると、一九五〇年（昭和二五）に男女総数の高校進学率は四二・五パーセント、一九六〇年（昭和三五）で五七・七パーセントである。六一年に六二・三パーセントと六〇パーセントを超えると、六五年（昭和四〇）に七〇・七パーセントと七〇パーセントを突破する。七〇年（昭和四五）には八二・一パーセントと八〇パーセントを超えると、進学率の上昇は加速し、七四年（昭和四九）に九〇・八パーセントまで上昇していく。

大学進学率も見てみよう。一九五四年（昭和二九）に男女総数で一〇・一パーセントだった大学進学率は、一九六九年（昭和四四）に二一・四パーセントと二〇パーセントを超え、七三年（昭和四八）に三二・二パーセントにまで達している。教育熱が高まり、〝学校神話〟が急速に高まっていく様子が、データからも理解できる。

古田の作品には、そうした時代に形成されていった〝学校神話〟という学校観がリアルに描き出されているのである。

注

29 『宮城県教育会雑誌』第一一五号　一九〇六年四月　三〇〜三二ページ

30 『宮城教育』第三〇六号　一九二四年一二月　四五ページ
31 近藤益雄『こどもと生きる』東陽閣　一九四一年　一六ページ
32 平野婦美子『女教師の記録』国土社　一九九四年　一六ページ

学習態度と芦田恵之助

古田の作品に、『夏子先生とゴイサギ・ボーイズ』という佳作がある。この中に、日本のおもな輸出品のことを調べる宿題を出したことが描かれている（五四ページ）。『宿題ひきうけ株式会社』にも、次のように宿題の場面が描かれている（一三ページ）。

　きょう、宿題が出た。日本の重要な輸出入品五つずつと、その輸出入先の国の名前をしらべてくる、という問題だ。
　教科書に、すこしはのっているが、そんなにくわしくはのっていない。宿題を出した石川先生はいった。
「図書室の少年図鑑や、学習図鑑にのっているよ」

『宿題ひきうけ株式会社』は、先生は宿題をなぜ出すのか、宿題なんてなければいい、という子どもの立場からの疑問を作品に反映させているが、作品に描かれた宿題が、いずれも日本の

『夏子先生とゴイサギ・ボーイズ』田畑精一・絵
1971年　大日本図書

主な輸出入品に関することであることは、当時の社会情勢を反映していて面白い。『宿題ひきうけ株式会社』は一九六六年（昭和四一）、『夏子先生とゴイサギ・ボーイズ』は一九七一年（昭和四六）出版の作品で、共に輸出入が拡大していた時代である。『夏子先生とゴイサギ・ボーイズ』は、一九六四年（昭和三九）に、雑誌『五年の学習』九月号（学研）に掲載した「洋子先生とゴイサギ・ボーイズ」と一九六五年（昭和四〇）に、雑誌『五年の学習』二月、三月号に掲載した「洋子先生とゴイサギ・ボーイズと忍者ハットリ・ハンゾー」、そして一九六九年（昭和四四）に「新婦人しんぶん」に掲載した「ぼくらの教室フライパン」を集めた短編集である。『宿題ひきうけ株式会社』も『夏子先生とゴイサギ・ボーイズ』も、どちらも知識偏重の詰め込み教育が激化していく中で書かれた作品である。

『宿題ひきうけ株式会社』では、宿題が出される場面が再び登場する（四五～四六ページ）。

さて、きょうは日曜日。午前中ヨシヒロは自分のつくえにむかっていた。いつもならタケシのうちへいくのだが、きょうタケシはるすだ。親子四人で親せきのうちへ遊びにいった。宿題はまた輸入の問題。社会科の宿題は、ぜんぶヨシヒロがやることになっている。日本が石油を輸入している国の名前をしらべて、多いじゅんに三つ書いていくという問題だ。

——一番多いのはアメリカにきまってら。

ヨシヒロはそう思いながら、教科書のグラフを見ておどろいた。

「へえ。クウェートだって」

円形グラフの半分近くがクウェートになっている。一九六一年、日本が輸入した石油の四十二・三パーセントがクウェートからのものだ。

「クウェートって、どこだったかな」

ヨシヒロはアジアの地図をひろげた。イラクの近くだったようにおぼえている。(中略)

「こんな、ちっぽけな国がなあ」

ヨシヒロはこんどは世界の地図を見てみた。(中略)

「でも、ソ連やアメリカは大きいなあ」

大きい国がうらやましくなって、もう一度地図を見なおしているうち、ヨシヒロはふしぎなことに気がついた。

「グリーンランドって、ずいぶん大きいじゃないか」

この後、父親にグリーンランドは地図の書き方のために大きく見えるものの、実際はそれほど大きくないこと、地球儀を見れば本当の大きさがよくわかることを教えてもらい、地球儀を見に出かけていく、という場面が描かれている（四九〜五〇ページ）。

ヨシヒロは小さい方の地球儀をくるりとまわして、グリーンランドをさがした。一度ではみつからない。もう一度まわした。

あった。先の方が切れていないグリーンランドが海の水色のなかにあった。ほかの陸地のように緑と茶色ではない。ぎざぎざのまわりだけがうす緑で、なかは海の浅いところとおなじような色になっていた。

——これは氷の島のしるしなんだな。

ヨシヒロは、じっとグリーンランドをみつめた。

この場面は、「学力」について考える上で、大切な示唆を与えてくれる場面となっている。ヨシヒロは、宿題の答えとして、石油の輸入相手国第一位がクウェートだと調べて終わるのではなく、「クウェートって、どこだったかな」とふとした疑問を抱き、そこから地図と地球儀に関心を広げ、地球儀を手にしてグリーランドを確かめていく。

実際に、こうした行動を行った場合、子どもは石油輸入相手国第一がクウェートであることを、忘れないであろう。宿題としてクウェートという国を調べて、得た知識をノートに書いて終わりにするのと、「クウェートって、どこだったかな」という疑問から地図や地球儀まで手にしていくのとでは、「知識」の行方や定着の度合いが違ってくる。

大量の知識を画一的に注入する教育は、高度経済成長期のはるか以前、近代公教育の黎明期である明治時代の教育でも見られた。知識を注入する教育について、東京高等師範学校附属小学校訓導で、国語教育者として知られた芦田惠之助（一八七三〜一九五一）は、『読み方教授』（一九一六年）の中で、大正三年の夏に関西のある師団の参謀長が、「教育の効果の摩滅する期間が意外に迅速である」と述べたことを受けて、次のような鋭い指摘を行っている。[注33]

さらに考へてみると、摩滅といふ語がおかしい。人間がいやしくも向上発展を楽しむものであるとしたら、日々に新たに又日に新たなるべきものである。したがつて過去のすべては進歩発達の足跡で、今日の自己が、自己の発展の頂点である。もし教授がこの意義に於て行はれてゐたら、決して摩滅といふ事実は存しない。かの教授した漢字数が減じ、数学・理科等の法則を忘却する類を摩滅といふのならば、それは摩滅ではなくて、剥落といふべきである。児童の日常生活に融合しない知識は、さながら糊で紙をはりつけたやうなもので、糊の力がゆるめば、直に剝げ落ちてしまふ。之を思ふと、現今の小学校に於て法則・事実を注入し、さながら糊付けのやうな教授をしてゐることが少なくない。

このように考えた惠之助は、「教授は児童が自己の日常生活を解釈し、識見を高めようとする学習の態度を確立するのが第一義」だとしている。そして、「児童の日常生活を覚醒し、発動的学習態度の確立に無効であつたら、教授は全く無意義である」と言い切っている。[注34]

惠之助の見解とヨシヒロの行動を照らし合わせると、「クウェートって、どこだったかな」という疑問を抱き、ここから「発動的学習態度」が展開していっていることになる。「発動的学習態度」は、ヨシヒロの内部に、石油の輸出入の知識を定着させ、石油を産出するクウェートなどの場所も定着させ、さらに、グリーランドという国への興味も、そして地図と地球儀への関心も芽生えさせている。

古田の父拡《ひろむ》は、芦田惠之助に心酔した国語教育者であった。代用教員時代に、芦田が唱えた、子どもの生活を重視して、自分のしたこと思ったことを自分の言葉で自由に書く「随意選題」の考えに触れて感銘を受けるが、一九二七年（昭和二）以降、惠之助の謦咳《けいがい》に接して授業行脚に随行するようになる。そして、「昭和八年ごろから、二、三年間、毎年一か月ほど、いわゆる『サクラ読本』の教授指導書執筆のため、川之江のわたしの家に滞在」する惠之助に親しく教えを乞うようになる。惠之助が古田家に滞在した理由は、「小学生から乳幼児までいたわたしの家は、子

供の反応を見るのに参考になることがあったから」だと拡は述べている。[注35]

恵之助は、「川之江―愛媛県―に『門前屋』といふが新たに出来た。宿屋みたいな名だが、宿屋ではない」と述べ、古田宅に長期滞在する様子を記している。そして、次のように古田家の子どもたちのことについて触れている。[注36]

私がこの度門前屋を訪うて滞在してゐるのは、小学国語読本の巻三が出て、例の「小学国語読本と教壇巻三」を書く必要上、主人の教を仰ぐためである。（中略）主人がいつのまに触れを出したものか、その晩から参集する初中等の男女教育家数名、及び一家は乳飲子に至るまで参加して、大人も子供も小学国語読本巻三の各課についてその所思を語る。主人はそれを手早く項目書きにして、老生執筆の参考に供してくれる。老生はその項目書を力に、日に二課なり三課なり執筆して、毎夜の話柄に提供する。すると主人が読んで、全体に披露に及ぶ。それについて再び会衆が所思を語る。老生はまたそれによつて、翌朝加筆漸く脱稿といふ段取になるのである。

古田は、幼少期に、父の影響で、恵之助と親しく接しながら、その教育論を聞いていたのである。昭和八年から二、三年は、古田が小学校に入学する六歳からの二、三年にあたる。古田に関する次のようなことも恵之助は書き留めている。[注37]

余談ながら、こゝに報告すべき一事件を発見した。それは古田君の次男で、本年尋一に入学する児が、私の持つてゐる一冊の巻三を非常に見たがつて、既に最初の「一　春が来た」「二　なはとび」「三　うさぎ」「四　とび」あたりの調子のよいのは、確実に読むし「十三牛若丸」などの多少予備知識のあるものは、漢字の三四を除けば、たしかに読みつけていく。

こうした恵之助と古田の関係を考えると、古田の教育観には、恵之助の有形無形の影響があったことが推察できる。恵之助や、恵之助が師事した樋口勘次郎の学習観は、古田作品に様々に顔を出しているのである。

注

33　芦田恵之助『読み方教授』（『芦田恵之助国語教育全集』第七巻　明治図書　一九八八年）一二六～一二八ページ

34　前掲芦田恵之助『読み方教授』一二七ページ

35　古田拡『予備あうもの―教師生活六十年』古田拡・遺族一同　二〇〇二年　一〇九ページ

36　芦田恵之助「小学国語読本と教壇」巻三（『芦田恵之助国語教育全集』第一六巻　一九八七年　明治

図書）一三～一四ページ

37　前掲「小学国語読本と教壇」巻三　四〇ページ

学校での学び

『宿題ひきうけ株式会社』と『ぼくらは機関車太陽号』について、古田が「『宿題』の構成はまずいんだ、（中略）そこで、新しい現象をつかまえて再挑戦したわけだ[注38]」と述べているように、両書は兄弟関係にある。両書には、学校での学びとは何か、という問いかけが描かれている。

『宿題ひきうけ株式会社』に次のような子どもたちの会話がある（二四〇～二四一ページ）。

　サクラ新聞編集長は、いままできいた先輩の話をいろいろ思いだしているらしい。しばらくのあいだ、天じょうをにらんでいたが、また話しはじめた。

「ある先輩がいっていたよ。その中学校には夜間中学校があって、ずっと年上の人もきているんだそうだ。先輩はやはり新聞部だから、取材でその人にあって、なぜ中学にきたか、たずねたんだ。すると、その人は、自動車の免許とるためにきたっていうんだって」

　その人はじっさいに自動車を運転することはできるが、交通法規がちゃんと読めない。読めるようになるためにきたというわけだ。

「これがほんとうの勉強型だろ。字が読めなけりゃこまるし、計算もできないとこまる」

なるほど――と、タケシは思った。いつかの「花忍者」のことを思いだす。あのとき、ミツムラ君はいった。

「谷の子どもは生きていくためには、いやでもなんでもしゅりけんや刀を使い、山の小道を歩くことをおぼえなければいけなかったんです。佐平が、それをしないで花にむちゅうになっていたのはよくないんです。もし、自分がちゃんと生きていくつもりなら、〝ためし〟の前に彼岸花の球根なんかうめないで、ほこらへいく道を歩いてみておくのがあたりまえです」

ミツムラ君の声がきこえるようだった。そして、そのあとヨシダ君も、花にむちゅうの佐平にも生きる権利はあるけれども、という前おきつきで、ミツムラ君のいうことがあたっているといったのだ。霧わく谷の子どもたちがしゅりけんや刀を使い、山の小道を歩くことをおぼえなければならなかったように、タケシたちも、いやでもなんでも文字や計算をおぼえなければならない。そしてまた、憲法がどのようなものかということもだ。

「でもね、ある先輩はこぼしていたよ。もうすこしふかく知りたい、勉強したいことがあるのに、テスト、テスト、テストでほかの勉強をしなくちゃいけないんだって」

ヨシヒロとアキコはおもわず顔を見あわせた。以前、町のむかしといまと未来をしらべたとき、ミツエは「もっと景気よく、未来のことを考えてみない」といった。だが、塾へいかなければならない二人は、そのことを考える時間がなかったのだ。

この会話では、学校での学びは、生きるために最低限必要なことを学んでいるということを子どもたちがお互いに納得しあっている。同時に、生きるために最低限必要なことから、さらに深く掘り下げて知りたい、考えてみたいと思っても、学習単元に追われ、テストに追われる学校での学びがそれを許さないことへの不満も、共通の思いとして描かれている。

ここには、次から次へと学校の授業で出てくる新しい知識の詰め込みに追われ、勉強に追い立てられている子どもたちの声の代弁と、古田の学校教育への批判が描かれている。そして、本当の〝学び〟とは何か、読者である子どもたちに、作中の子どもたちの言動を通して共に考えていく契機を提供している。

現行の学習指導要領（平成二〇年に移行措置に関する告示、令和元年度まで使用）は、「生きる力」の育成を掲げながら、基礎的・基本的な知識・技能の習得、思考力・判断力・表現力等の育成のバランスを重視している。「生きる力」とは、「確かな学力」「豊かな人間性」「健康・体力」で構成される理念で、この中の「確かな学力」について、「基礎・基本を確実に身に付け、自ら課題を見つけ、自ら学び、自ら考え、主体的に判断し、行動し、よりよく問題を解決する資質や能力」と説明されている。

二〇二〇年度から実施される学習指導要領でも、主体的・対話的で深い学び（アクティブ・ラーニング）の導入が明記され、問題解決的な学習や体験的な学習などを取り入れ、指導方法の工夫などが提唱されている。現在とこれからの学習指導要領の上では、『宿題ひきうけ株式会社』の中で子どもたちが願った学びが保障されているのである。ただし、学校現場では受験を意識した知識の詰め込みと知識偏重の教育が行われ、指導要領の理念が具現化しないという課題が残されていることは今後も注視していかなければならない。

ヨシヒロとミツムラ君たちの会話の後に続くパラグラフ「労働組合」の中で、キッカワさんのアパートでヤマト電機の社員たちと話したヨシダ君は、キッカワさんのアパートをあとにして次のようつぶやく(二四九ページ)。

外に出たヨシダ君は空を見あげた。天の川が光り、見れば見るほど星の数はふえていくようだった。アキコの兄が、「そろばんなんかよせ」といったとき以来、ヨシダ君の心のなかにもやもやしていたものが吹きとばされてしまったようだった。

そろばんでよい給料をもらうという道はだめになったが、かわりにヨシダ君は労働組合というものがあることを知った。もちろん、サブローの父親が全電通の組合員であることは知っていた。だが、いまヨシダ君ははじめて自分たちでボーナスを高くしようとしている組合員たちを見た。

—よし、勉強するぞ。

その勉強はただ学校の勉強だけではない。会社や世の中のしくみがどうなっているか、ということも勉強しなければならないのだ。
ヨシダ君はこの発見をだれかに話したくなった。ヨシダ君はタケシのうちにむかって走りだした。

古田が『宿題ひきうけ株式会社』を書いた当時の学習指導要領は、一九五八年（昭和三三）に告示されたもので、基礎学力の充実が言われ、国語と算数の授業時数が増加し、科学技術教育の向上を目指した学習指導要領であった。
そうした時代に子どもたちの声を代弁しながら、自己の教育理念を盛り込んで書かれた古田の『宿題ひきうけ株式会社』は、「基礎・基本を確実に身に付け、自ら課題を見つけ、自ら学び、自ら考え、主体的に判断し、行動し、よりよく問題を解決する資質や能力」を学校での学びに求める今の時代に読み直すことで、より一層書かれている内容の意味と重みを実感できるのではないだろうか。

注
38　前掲、古田足日・上野瞭「対談　異質の同世代―タルッピ・フルタルの生活と文学」二九ページ

「ほんとうの教育」と「深い学び」

『ぼくらは機関車太陽号』に登場するチョコレート校長には三人のモデルがいたことが「あとがき」に記されているが、そのうちの一人、後に白梅短大教授になる樋口澄雄氏が東京都練馬区のS小学校校長だった時代の逸話が、この物語のベースになっている。

樋口氏が校長になった時、バス遠足を徒歩遠足に変える。六年の一クラスがそれに反対し、最初に代表が校長室に行くと、待ちきれなくなったクラスの残り全員が校長室に推しかける。校長先生の話を聞いて心を動かされた子どもたちは、目的地調査に行き、写真を撮り、道順を自分たちで決め、遠足当日には自転車隊とリヤカー救急車を用意する。リヤカーの上には、日除けの傘を立てる。

この一連の活動が物語化されていくが、子どもたちの活動を見守っていた担任の野上先生は、次のように心の中でつぶやく（一六一ページ）。

—子どもたちはこんど、遠足を学校におまかせしないで、自分たちで動きだしたんだわ。これがほんとうの教育じゃないかしら。

野上先生の「ほんとうの教育」という言葉は、現在なら多くの人が理解し共感できる言葉であろう。二〇二〇年度から小学校で全面実施される学習指導要領は、すでに触れたように、主体的・対話的で深い学び（アクティブ・ラーニング）の導入が明記され、問題解決的な学習や体験的な学習などを取り入れることが求められている。授業では子どもたちが主体的に学ぼうとする意欲が大事にされ、グループワークをはじめとする協同的な学習が行われる機会も多くなることが期待されている。

野上先生が「ほんとうの教育」と呼んだのは、教師主導ではなく、子どもたちが主体的に行動する中で、問題を発見し、その解決を考えていったことを指している。同時に、それが芦田恵之助が指摘した剝落する知識ではなく、子どもたちの自己形成につながる「深い学び」であることを指している。

学習指導要領改訂に際し、答申前の最初の中間まとめとして二〇一五年（平成二七）八月二六日に出された教育課程特別部会「論点整理」では、アクティブ・ラーニングは「課題の発見・解決に向けた主体的・協働的な学び」と説明された。それから一年後の二〇一六年八月二六日に出された「審議のまとめ」で、「協働的な学び」が「対話的な学び」に変わり、さらに「深い学び」が追加された。

この「深い学び」の追加には大きな意味がある。教師主導ではなく、子どもたちの主体性と協働性を尊重した学びであるアクティブ・ラーニングは、新指導要領の中で主要なキーワードとなることが言われてから、学習の質の低下をもたらすのではないか、という懸念がもたれてきた。「深い学び」の追加は、その懸念を払しょくしたのである。

ところで、「深い学び」を実現するために必要なことはどのようなことであろうか。そのことを考える手がかりは、すでに引用した芦田恵之助の言葉から得ることができる。恵之助は、「児童の日常生活に融合しない知識は、さながら糊で紙をはりつけたやうなもの」だと述べていた。そして、「児童の日常生活を覚醒し、発動的学習態度の確立に無効であつたら、教授は全く無意義である」とも述べていた。こうした恵之助の認識は、恵之助が師事した樋口勘次郎（一八七二〜一九一七）の影響と、恵之助自身の教育実践の中で形成されたものである。

樋口の教育理論は、「活動主義」「統合教授」という用語で説明される。樋口は、教育活動にとって最も重要だと認識していた「活動主義」について次のように述べている。[注39]

予の信ずる教授の主義に於て、最も重要なるは、生徒の自発活動によりて教授せざるべからずといふにあり。自発活動とは、自身より発する活動といふ義にて、他より干渉せられて、受動的に発するものに対するの名なり。即ち英語の「セルフ、アクティヴィティー」（Self activity）を指す。

子どもの自発活動を重視した理由について、「理解は自己の活動によらざればなす能はず。換言せば、理解とは既有の旧知識が活動して、新来の知識を類化することなれば、明瞭なる理解のためには、活発なる心意の活動なかるべからず。而して活発なる活動は、他人の意志其の他外来

の力によりて強ひられておこりたるものにあらずして、自分の『気が向いて』発したるものなり」と樋口は説明している。注40

樋口が重視した「活動主義」が、子どもの主体的な活動によって活発に展開されること、そして、主体的な活動に基づく「活動主義」によって獲得された知識は、個人の内部に存在している既存の知識と結びついて「明瞭なる理解」へと昇華することが述べられている。惠之助のいう「発動的学習態度」は、こうした樋口の教育思想を援用したものであることがわかる。

『ぼくらは機関車太陽号』のチョコレート校長は、子どもたちだけで遠足のルートの調査をするのは危険だと抗議する保護者に対して、次のように自説を述べている（一六七ページ）。

校長先生がこたえた。

「子どもたちが自分でなにかをやろうとするとき、先生がそばについているのがいい場合もあるし、かえってじゃまになる場合もあります。わたしとしては、できるだけ子どもに自主性を発揮してもらいたいとおもっています」

二〇二〇年度からの新しい学習指導要領に盛り込まれた理念と、明治時代の樋口勘次郎や大正時代の芦田惠之助の教育論、そして、『ぼくらは機関車太陽号』の中で野上先生が子どもたちの姿を見て心の中で叫んだ「ほんとうの教育」、さらにチョコレート校長の教育論の間には、通底

『ぼくらは機関車太陽号』久米宏一・絵
1972年　新日本出版社

する教育理念が存在していたのである。教育荒廃と呼ばれた現象や、詰め込み主義、学歴主義の中での子どもたちの苦悩を目の当たりにしながら、教育学者たちの議論の末に、「新しい学力観」が出され、「生きる力」が尊重されるようになったことは意味がある。

ただし、通底する理念がある一方で、異なる点もあることには注意したい。古田は、国家のための有用な人材になることを目的に学校教育が行われていくこと、そしてその中で子どもたちが常に周囲からの期待へのプレッシャーと、将来への不安を抱きながら生活する「準備の子ども観」を強く否定してきた。『宿題ひきうけ株式会社』の中に出てくる、「学校も家庭も地獄と思え」という標語は、学校教育に対する古田の痛烈な批判の現れである。

一方で、学習指導要領に盛り込まれる理念は、樋口や芦田らの教育論や、古田が作品の中で展開した学校教育批判との間に共通性を見出し得るものの、指導要領の基盤になる教育観の根底には、国家と社会の担い手を養成するという目的があり、古田流に言う「準備の子ども観」が存在していることは否めない。

樋口や芦田の理論は、教育現場での子どもたちとの実践の中で鍛えられて生み出された理論であり、古田が表現したことは、子どもの立場で本当の学びについて考え、学ぶ主体である子どもの立場でその願いを代弁する形で書かれたものである。国家の立場で教育の理想を追い求めることと、学ぶ主体である子どもの立場で教育の理想を追い求めることとの相違には注意しなければならない。

注

39 樋口勘次郎『統合主義新教授法』日本図書センター　一九八二年　四七ページ

40 前掲『統合主義新教授法』四八～四九ページ

「勉強」とは

『宿題ひきうけ株式会社』と『ぼくらは機関車太陽号』、そして『学校へいく道はまよい道』は、古田の〈教育児童文学三部作〉とも呼び得る作品群である。三者に共通して、学びとは何か、学びにとって大切なことは何か、といったことを読者に考えさせる事がらが様々に描かれている。

『宿題ひきうけ株式会社』に、三宮先生が霧わく谷の佐平という子どもが主人公の「花忍者」という作品の読み聞かせをする場面がある。忍びの稽古に一生懸命になれなかった佐平は、若者仲間に入るための「ためし」の最中に谷に落ちて死んでしまう、という物語である。物語を聞き終わった子どもたちは、「いまに生まれてよかったなあ。そんな〝まいり〟や〝ためし〟がなくって」「そうだ。むかしはやばんだったんだ」といった発言をする。それに対して、先生は「じゃ、いまはどうなんだろ？」と子どもたちに問いかけた後に、「どうだ。それ勉強してみるか」と子どもたちと次のようなやり取りをする（一〇二〜一〇三ページ）。


「どうだ。それ勉強してみるか」

「えー、勉強？」

「そうだ、むかしといまとをしらべて、くらべてみるんだよ。それから、やばんというのはどういうことか、考えてみるんだ。どうだ、やりたい人、挑戦してみようっていう勇気がある人はいないか？」

また、ちょっとしずかになったが、

「やってみまーす」

と、サナエがいった。つづいてスズキ君がいった。

「ぼくもやります」

思わずタケシもいった。

「ぼくもやるー」

スズキ君がたずねた。

「いつのむかしでもいいんですか？」

「いいとも。遠いむかしでも、近いむかしでもかまわない」

と先生は答えたあといった。

「時代はいつの時代でもいいが、場所はこの町サクラ市ときめて、サクラ市のうつりかわりを見るやり方もあるな。もちろん、日本全体でもいい。それから、未来ということを考えに入れたらおもしろいかもしれないよ」


ここで三宮先生から提案された「勉強」に対して、子どもたちは「えー、勉強？」という反応を示す。これは、「勉強」という言葉から喚起される様々な負のイメージに対して、多くの子どもたちが持っている拒否反応の表れである。

だが、実際に三宮先生が提案した「勉強」は、子どもたちがイメージした「勉強」と異なり、やってみようという意欲を感じさせる「勉強」であった。古田は、子どもたちが日常的に苦痛を感じている「勉強」だけが「勉強」ではないことを読者に示しているのである。そして、豊かな学びの実感と、喜びが感じられる本当の「勉強」があることを伝えようとしたのである。

「勉強」という言葉に子どもたちが抱いている感覚は、『学校へいく道はまよい道』の中に、さらに明瞭に描かれている。子どもたちの通学路の途中にある行きあい橋のたもとにあるお地蔵さまの首が取り換えられていることに気がついためぐみや麻衣たちは、お地蔵さまの最初の首を探し始める（二五一〜二五二ページ）。

めぐみはうなずき、淳はまたいった。

「だけど、和也さん、学校へいくことと勉強することとはおなじことではない、といっただろ。おれ、思ったんだけど、もしかしたらおれたち、お地ぞうさまの首さがしって勉強やってるんじゃないのかな？ちがうかな？」

「ううん、わたしもそう思う」

「ぼくも」

「そして、白井のおじいちゃんにあったり、和也さんにあったりして、いままで知らなかったいろんなこと知ってどきどきしたり、びっくりしたりしてるんだ。学校の勉強もこんなのだったらたのしくやれるんだ」

淳はそういって、てれくさそうに笑った。

「そう、たしかにこっちのほうがおもしろいよね」

と、麻衣がいった。友もいった。

「びっくりしたっていうと、縄文時代のはじまりからいままで一万年で、みんなが学校へいくようになったのはせいぜい百年ぐらいまえだというのにもびっくりしたなあ。どんなにして学校がはじまったのか、ぼく知りたくなった」

「そうね。そしたら『なんのために子どもをかしこくするのか、かしこくさせられるのか』ということも、すこしはわかるかもしれないね」

二〇二〇年度から小学校で全面実施される新しい学習指導要領では、教育課程全体や各教科などの学びを通じて「何ができるようになるのか」という観点から、「知識及び技能」「思考力・判断力・表現力など」「学びに向かう力、人間性など」の三つの柱からなる「資質・能力」を総合的にバランスよく育んでいくことを目指している。

「知識及び技能」は、個別の事実的な知識のみでなく、習得した個別の知識を既存の知識と関連付けて深く理解し、社会の中で生きて働く知識となるものも含むものだと説明されている。そして、その「知識及び技能」をどう使うかという、未知の状況にも対応できる「思考力、判断力、表現力など」、学んだことを社会や人生に生かそうとする「学びに向かう力、人間性など」を含めた「資質・能力」の三つの柱を、一体的に育成するとされている。子どもたちが学校で学ぶことは、社会と切り離されたものではなく、子どもたちがこれから生きていくために必要な資質・能力の育成につながっていくべきだ、という方針で学習指導要領は改訂されているのである。

『宿題ひきうけ株式会社』と『学校へいく道はまよい道』の中で、子どもたちが「学校の勉強もこんなのだったらたのしくやれるんだ」と感じた学びが、指導要領の中で育成すべき力として掲げられたのである。

『学校へいく道はまよい道』には、学ぶことの面白さについて子どもたちが会話する場面が次のように描かれている（四三八～四三九ページ）。

「学校というのは、ほんとうはそういうはずのものなんだと思うよ。めぐのおばあちゃんの話では、いまの日本では国というのか、政府というのか、文部省がなにを教えるかということまできめてしまうのと、受験のことで、なかなか自由にやれないんだそうだけど…」（中略）

「そうだ。ぼく、勉強っておもしろいと思いはじめたんだ。勉強って糸をぐんぐんひっぱってるような気がする。ひとつわかると、すぐそのつぎどうなってるのかなあってぎもんがでてくるんだ」

「だけど、それ、学校の勉強とちがうだろ。めぐとおれの絵地図だって勉強だけど、学校の勉強とはちがうんだ」

「そうだよね…」

友は自分たちがいまやっていることとむすびつく学校の勉強がほしい、と思った。

「勉強って糸をぐんぐんひっぱってるような気がする。ひとつわかると、すぐそのつぎどうなってるのかなあってぎもんがでてくるんだ」と感じられる「勉強」をすることは、多くの子どもたちの願いであろう。今現在も、「勉強」とは何か疑問を抱きながら、何のために勉強するのかその答えを見い出せずに、日々苦しんでいる子どもたちは多い。

そうした子どもたちが、新しい学習指導要領を手にし、その内容を知ることは、ほとんど期待できない。学校で何を学ぶのか、何を目的として学校教育は進められているのか知ることは、学びの主体である子どもたちにとっても必要なことである。だが、学習指導要領は、学校の教師と、教育に特に高い関心を示す一部の保護者が共有する情報となっているのが現実である。また、学習指導要領に示される理念が変わっても、変わることのない学歴社会と競争社会の中で、理想的な学習理念が実際の学校現場で生かされていないという現実もある。

学習指導要領を手にすることができず、その内容を知ることが難しい子どもたちが、『宿題ひきうけ株式会社』や『学校へいく道はまよい道』を読むことで、学校での自分たちの学びについて、自分たち自身の問題として考えることは、子どもたちの学びに向かう意欲が重視されようとしている今日では、ますます大きな意味を持つといえよう。

相互に関連する学びと「総合的な学習の時間」

二〇二〇年度から全面実施される新学習指導要領では、各教科等で、その教科等なりの「見方・考え方」を学ぶだけでなく、様々な教科等で学んだ見方・考え方を相互に関連付け、自分なりに問題を見い出し解答を導きだせるような学びになっているかという視点が重視される。教科を越えた学びのつながり、教科と学校行事、特別活動などでの教育のつながりを大切にしながら、「カリキュラム・マネジメント」という用語で説明される学校での学びが目指されようとしているのである。

『宿題ひきうけ株式会社』で描かれた「勉強」は、今と昔の比較を通して、歴史を学び、地理を学ぶ学習であった。さらに、「野蛮」という言葉について調べ、その意味を考える国語の学習にも及び、複数の教科を横断した学びになっていた。『学校へいく道はまよい道』のお地蔵さまの首探しでも、地域の歴史を調べ、民俗伝承を調べ、民話を調査していく。

『ぼくらは機関車太陽号』では、校長先生の方針で徒歩遠足となったことに反対した六年ロケット組の子どもたちが、反対の根拠を見つけるために、遠足の目的地のサクラ神社まで自転車に乗って行き、途中の道の様子を調べることにする。子どもたちはサクラ市の地図を購入して行程を確認しながら、日曜日に集まって自転車で危険な地点を調べたり、工事中の場所を見つけたりして、サクラ神社に歩いていくことは無理だという結論を導き出す。代わりの候補地として子どもの森公園を見つけるが、そこはマムシの生息地であることも見つける。子どもの森公園を断念した子どもたちは、苦労しながら候補地として地蔵寺の裏山を見つけ出す。そして「サクラ三小六年遠足あんない」という、地図を綴じ込み、道順や危険な場所などを記した六ページの小冊子を作る。

子どもたちが作った冊子を受け取り、説明を受けた教師たちは、子どもたちと次のようなやり取りをする（一九四〜一九五ページ）。


午後の授業がはじまるチャイムが鳴った。今宮先生はいった。

「先生がた。ご意見ありませんか？」

「わたしたちよりちゃんとしらべたわ。これでやってみましょうよ」

「まったく、よくしらべたし、よく計画したよ」

と遠足委員会のほかの先生たちも感心した顔つきだった。健三がいった。

「ぼくたち、もっとうまくやるやりかただって、考えつくかもしれないよ。考えついたら、やってもいいでしょう」

「きみたちならだいじょうぶだ。でも、考えついたら野上先生と、遠足委員会にいちおう相談してくれよ」

と、今宮先生はいった。健三はもうなにか考えついたんだな、と弘はおもい、野上先生もそうおもったが、ふたりとも口にはださなかった。

校長先生がいった。

「ぼくには相談してくれないのかな」

「ここまできたら校長先生に相談することはないでしょう。この子たちと、ぼくたちとでやっていきますよ」

と、今宮先生はいった。

「そうか。それは残念だな」

と、校長先生はいったが、ことばとはちがって、顔はうれしそうにわらっていた。


ここには、子どもの主体的な行動を促し、その結果を認める教師と子どもたちとの会話が描かれている。二〇二〇年度から全面実施される新しい指導要領が求める、自分なりに問題を見い出し解答を導きだせるようになる学びに通じる学びが、ここには書かれている。

『ぼくらは機関車太陽号』に描かれた遠足は、子どもたちが丹念に下調べし、実行して大きな成果をあげる。この中では、結果的に地図を見たり、道順にあたる場所の自然について調べたりといった、教科を横断した学びが行われている。遠足という学校行事が、子どもたち主体的で教科を横断した学びを実現したのである。

二〇二〇年度からの学習指導要領に掲げられている「カリキュラム・マネジメント」と近似の教育が、『ぼくらは機関車太陽号』の中で描かれているのである。また、『学校へいく道はまよい道』でのお地蔵さんの首探しや、『宿題ひきうけ株式会社』の昔と今の比較、『ぼくらは機関車太陽号』の中の遠足の場所探しは、今日の学校教育の中の「総合的な学習の時間」で行ったとしたら、理想的な学習と言えそうな内容が描かれている。

「総合的な学習の時間」は、ゆとり教育の象徴として導入された時間である。変化の激しい社会に対応して、自ら課題を見つけ、自ら学び、自ら考え、主体的に判断し、よりよく問題を解決する資質や能力を育てることなどをねらいとすることから、思考力・判断力・表現力等が求められる「知識基盤社会」の時代においてますます重要な役割を果たすものと位置づけられる時間である。

子どもの主体的で協働的な学びの中で行われるこの時間は、子どもたちが負のイメージを抱いたそれまでの「勉強」とは異なる、「本当の勉強」を目指して導入されている。だが、道徳が教科化され、英語教育も必修化される中で、授業時数が切迫し、その埋め合わせに「総合的な学習の時間」が使われることがある、というのが多くの学校の実情である。文部科学省は『今、求められる力を高める総合的な学習の時間の展開』という解説と実践例をまとめた教師用の資料を作成しているが、保護者対応や会議、書類作成などの勤務内容も多く、教材研究になかなか時間を割けない教師たちが、教科書のない「総合的学習の時間」を負担に思い、避けようとする傾向が強いことも現実である。残念なことに、「総合的な学習の時間」は、教育現場の現実の中で形骸化している場合が多いことは事実である。

こうした学校の現実の中で、「総合的な学習の時間」が本来目指している「勉強」の意味を問い直しながら、その意義への理解を深めていくことが求められている。子どもたちが、「本当の勉強」と感じられる学びの実現が求められているのである。そうしたことを考えさせてくれる場面が、古田の〈教育児童文学〉三部作には多い。

ところで、遠足を利用した教科横断的な学びは、『ぼくらは機関車太陽号』が初めではない。『ぼくらは機関車太陽号』から遥かに遡った明治時代の教育者樋口勘次郎が、今から百年以上前に、遠足を利用して教科横断的な学びを実践している。

「活動主義」と「統合教授」を唱えた樋口は、「実験」として、一八九六年（明治二九）一一月七日に尋常小学校二年生三七名で飛鳥山遠足を実施し、その詳細な記録を残している。[注41] 樋口は、「遠足は遊山にあらず」と述べた上で、「世界を大学校とし、艱難を良教師と観したる先賢を許さは、余をして、校外は良教場なり、遠足は良体操なり」と述べている。そして、「小学校時代にては、すへての物を、其の社会の中にて、他の各員と相互関係の状態に於て観察せしめさるへからす」と、「活動主義」と「統合教授」に引き付けて遠足実施の意図を説明している。樋口は準備段階で次の表にまとめた教育内容を考える（次ページの表）。

こうしたねらいを持って実施した飛鳥山遠足で、児童は、統合教授を実際に体験することになる。樋口は、「生徒の学問」として動物学、植物学、農業、商業、工業、地理、地質、人類学、物理学、詩、修身、作文を挙げ、学習が多岐にわたったことを記している。「良教場」である校外で、子どもたちは実物教授を体験したのである。

飛鳥山遠足計画内容

1	生徒に一枚ずつ地図を持たせて実地と比較させて地図の見方を学ばせる。
2	不忍池を観察させる。
3	東照宮、五重塔、動物園、博物館、美術学校、音楽学校、図書館等の位置を地図と対照させる。
4	諏訪神社境内で北豊島から南足立にいたる田畑、その間に点在する村落、その間に林立する煙突、その間を走る鉄道を観察させる。
5	胞衣会社の前でも前の観察を補わせ、自分の位置によって景観が変化することを知らせる。
6	田端停車場を見せ、人工物の巨大さを知らせる（広さ 40 間四方、深さ 10 間ほどの坑を数名の作業員が掘削中）
7	道端の草木
8	道灌山から王子に至る道で、茶、大根、麦、蕎麦、人参、葱、等の畑肥料、麦の播種、大根の収穫を観察させる。
9	山林局試験場にある 300 余種の樹木
10	飛鳥山で昼食、休息、自由遊戯。
11	生徒の疲労具合によって山下にある田圃を帰る。
12	田圃を通りながら、稲田の収穫、藁、籾、唐箕篩等の収用穫諸器具、大根の洗浄、木綿畑、螽蟖、汽車、鉄道等を観察させる。

「活動主義」に基づいて観察や見学を行うことで子どもたちの主体的な学習意欲を高め、「統合教授」論に基づいて主体的意欲をさらに高めながら、さまざまな知識を関連させて子どもたちの内部に深い学びを追求する樋口の教育実践は、今日の教育を考える際にあらためて注目する必要があろう。

「統合教授」について樋口は次のように述べている。[注42]

統合教授とは、各種の教授材料を、可成親密に関係連絡して、殆ど一大学科を学ぶが如き感あらしむるやうに教授すること換言すれば、教授によりて与へたる観念間に、可成り強き連合を、可成多方に形成することを意味す。

統合教授の具体例を、樋口は地理の学習で説明している。地理を学習させる際に、まず過去の歴史的事実に触れながら日本の開闢《かいびやく》以来の沿革を子どもたちに理解させる。また、算数の知識を用いて、国土の東西南北の広がり、戸数や人口、経緯度、輸出入などを計算させ、気候の説明には物理学を援用し、物産の理解のために博物学の知識を参考にしながら授業を展開する、と樋口は説明している。そして、「若し此等の学科と分離して地理を授けむとするも、到底理会せしめがたかるべし」と述べている。[注43]活動主義による子どもの自発性を重視した授業と統合教授を展開することによって、教授内容を子どもに深く理解させようとしていたのである。

また、樋口は「知識を永久記憶」させるだけでなく、「之れを実際の生活に活用せしめさるべからず」と、知識が実際の生活の中で使えるものになることを重視していた。そして、「団体のための利益をはからしめむために、敏捷に、且正当に、応用する」ことを求めていた。そのためには、「一切の知識が、成るべく親密に統合せられて、臨時に必用なる知識が、速に回想せられて、或は問題を解釈し、或は方便を形成する」ものでなくてはならないと述べている。注44

こうした樋口の言説は、知識は「所有するためのもの（to have）」から「生きるためのもの（to be）」にならなくてはいけないという認識を表明したものであり、中央教育審議会答申（二〇一六年一二月二一日）で「生きる力」の育成に必要な資質・能力として示された、「何を理解しているか、何ができるか」「理解していること・できることをどう使うか」「どのように社会・世界と関わり、よりよい人生を送るか」と通底する認識が示されていた。

答申では、「深い学び」ついて、「習得・活用・探究という学びの過程の中で、各教科等の特質に応じた『見方・考え方』を働かせながら、知識を相互に関連付けてより深く理解したり、情報を精査して考えを形成したり、問題を見いだして解決策を考えたり、思いや考えを基に創造したりすることに向かう」ことだと説明している。樋口は、こうした説明に近似の概念を「統合教授」として提示していたと考えることができよう。

子どもの主体性を最大限に尊重し、様々な教科での学びを関連付ける視点を持ち、身近な自然物や生活と結びつけた学びが実現すれば、子どもたちの学びに向かう意欲は高まるであろう。樋口の実践にも通じる古田が描いた学びは、現在の子どもたちの心、そして子どもたちと向き合う教師たちに大きな刺激となるにちがいない。

注

41　樋口勘次郎「実験叢談」(『東京茗渓会雑誌』第一六六号、一八九六年、二五～三六ページ)

42　前掲『統合主義新教授法』六四～六五ページ

43　前掲『統合主義新教授法』六六ページ

44　前掲『統合主義新教授法』六九～七〇ページ

子ども不在と大人の目線

『ぼくらは機関車太陽号』には、今の社会の在り方に対して古田が感じる疑問が描かれている。次のさりげない場面での描写には、子どもの目線で社会を見ようとしていた古田ならではの鋭い批判が表現されている(一〇六ページ)。

　左がわはやはりゴルフ場らしいが、右がわはたしかに公園になっていて、まず小さい池があった。池のまんなかに島があり、島も、池の岸もしばふになっていた。

「ゴルフ場のしばふのほうがいいな。こっちのしばふはなんだかぼけてるみたいだ」

と、幸夫がいった。

「にごった水だなあ」

そのぼやけたしばふの上に立って、和雄が池の水をみおろした。孝が島の立札をみていった。

「アソビオヨギ禁止か」

「ユウエイとよむのよ」

と、美智子がいった。健三がわらいだした。

「およいじゃいけないってことなんだろ。こんな水でおよぐとおもってるのかな。立札立てるだけむだだよ」

「おれだってよめないんだから、小さな子なんかよめないのになあ」

と、孝がいばった。


ここには、大人が作る社会でしばしば確認できる欠落点への指摘が込められている。この立札は、子どもの森公園内にある池に立てられているものである。子どもに注意を促すための立札である以上、子どもが読めなければ意味がない。

子どもが読めない立札が立てられているのは、事故が起った時に責任を取らされることを未然に防ぐために、一種のアリバイ作りのためだけに立てられているからである。注意喚起を促す立札を立てておくことで、既成事実を作くっておきたいという大人の都合が優先されているのである。子どもに関することにもかかわらず、子どもの立場で物事を考えず、大人の目線での発想しかない今の社会の問題を古田は指摘したのである。

憲法も、教育基本法も、子どもの権利条約も、そして学習指導要領も、すべて子ども自身にかかわる大事な事柄である。それにもかかわらず、子どもが理解できるように工夫し、それらを子どもに伝えようとする取り組みは少ない。子どもも、社会の大切な構成員であるという意識と、子どもに寄り添い、子どもの目線で物事を考えようとする意識の欠如の表れである。

同様の認識は、次の子どもの遊び場に関する描写でも取り上げられている（一一三〜一一四ページ）。

「きみのおとうさんにはゴルフ場がいる。野球をやりたい人には野球場がいる。子どもには森や、遊び場がいる。ところがね、ヤナギ市にはゴルフ場が三つあるけど、野球場は一つだけ。子どものための広い遊び場といったら、このマムシ公園だけよ。わたしはね、子どもの池や、子どもの図書館もほしいのよ」

『ぼくらは機関車太陽号』が出版された一九七二年（昭和四七）は、高度経済成長のピークを迎えていた年である。東京都の稲城市、多摩市、八王子市、町田市にまたがる多摩丘陵を切り崩して広大な多摩ニュータウンが造成され、第一次入居が開始されたのが一九七一年、埼玉県の志木ニュータウンの事業開始年度が一九七一年など、六〇年代後半から七〇年代にかけて、大人の目線による子ども不在の開発が日本各地で進められていく。子どものための生活空間を、子どもたちが自分たちの権利として要求するといった発想は、まだ社会で共有されていなかった時代に、子ども不在の中で、大人の都合で開発が進められていったのである。

一九九九年（平成一一）五月五日の「冒険遊び場を広げよう」と題した朝日新聞社説では、この間の事情について、「冒険遊び場『羽根木プレーパーク』が東京・世田谷にできたのは、一九七九年、国際児童年の年だった。当時、子どもの遊び場をめぐる環境は、急速に変わりつつあった。道路はアスファルト舗装され、原っぱは駐車場に変わり、川の土手はコンクリートで固められて生き物が消えた。代わりに、あちこちに児童公園ができたが、木登りやボール遊びは禁止された。事故が起きることや、責任を問われるのを恐れる大人の事情が優先されたのだ」と指摘している。

子どもの権利条約第一二条には次のような子どもの意見表明の権利が記されている。

1．締約国は、自己の意見を形成する能力のある児童がその児童に影響を及ぼすすべての事項について自由に自己の意見を表明する権利を確保する。この場合において、児童の意見は、その児童の年齢及び成熟度に従って相応に考慮されるものとする。

2．このため、児童は、特に、自己に影響を及ぼすあらゆる司法上及び行政上の手続において、国内法の手続規則に合致する方法により直接に又は代理人若しくは適当な団体を通じて聴取される機会を与えられる。

子どもの権利条約が国連総会で採択されて三〇年が過ぎたが、日本で子どもの意見表明の権利が十分に認められているとは言い難い。学びの内容や校則のこと等学校生活のことについても、遊び場などの生活環境のことについても、子ども自身が意見を表明する機会も、意見が反映される機会も稀である。

福祉の先進国スウェーデンでは、知的障碍のある人たちのためのサービスを受ける権利に関する法律が、スウェーデンの国会で可決される以前に、国内の知的障碍者たちが組織をあげて検討し、自分たちの意見を主張する機会を得たことを、ベンクト・ニィリエは紹介している。[注45] 知的障碍のある人々の能力や個性が尊重され、権利として意見表明権が大事にされている事実は重い。

日本でも子どもの権利が尊重される社会が実現するよう、子どもたち自身が自分たちの権利を熟知し、それを十分に行使できる日がくることを願いたい。そのためにも、子どもの権利や基本的人権について、自分たち自身に関わる問題として考える、そうした機会を提供する〈教育児童文学〉作品に子どもたちが接する機会が増えることを望みたい。

注

45　ベンクト・ニィリエ『ノーマライゼーションの原理』河東田博・橋本由紀子・杉田穏子訳編　現代書館　一九九八年　一四三ページ

子どもの力

『ぼくらは機関車太陽号』には、古田が児童文学に見出していた可能性を表現した描写がある。林の中でターザンごっこをしていた時の子どもたちの会話が続いていく（二二八～二三一ページ）。

「だいたい学校に木のぼり練習できる木がないのが、よくないんだ」

若林がつけくわえた。

「ターザンごっこできる木もないな」

すると、孝はきゅうに考えこむような顔になった。そして、とっぴょうしもない声をあげていった。

「そうだ。おい、どうして学校の運動場は、あんなにひらべったいんだろう？」

「なに、なんだって？　もう一度いってみろよ」

健三がききかえした。

弘も、ほかの子どもたちもおなじ気持ちだった。ひとは、自分が想像もできないことをいわれると、あいてがいっていることばの意味さえつかめないものだ。子どもたちはみんな、孝のいったことを、なにかのききまちがいではないかと、おもったのだった。

だが、孝はくりかえした。

「どうして学校の運動場は、あんなにひらべったいんだろ？」（中略）

でもすぐ、めぐみがはじけるようにわらいだした。

「運動場がでこぼこだったら運動会ができないじゃない。バレーボールも、ドッジボールも」

「そうだよ。百メートル競走だってできないじゃないか。ター坊、おまえ、どうかしたんじゃないか」

と知也がいった。

「そうだな。運動場がこの山みたいだったら――」

と、健三もいいかけたが、あとのことばはつづかなかった。健三はひどくおどろいたような顔になって、あとのことばをぐっとのみこんでしまった。

弘の胸はどきっと音をたてた。そうだ、運動場がこの山みたいだったら――そこには木があり、がけがある。そこでおこるさまざまのできごとが、わっと頭のなかにうかびあがってきた。

若林がさけんだ。

「運動場がこの山みたいだったら、毎日、学校でがけのぼりができるし、ターザンごっこもできるんだ。ター坊、おまえ、考えたなあ」

「ちょっと、ちょっと。バレーボールがやれないと、こまるわよ」

めぐみがいうと、健三がこたえた。

「両方あればいいんだよ」

「そうだ。そのとおりだ。運動場をぜんぶひらべったくすることはないんだ」

と若林がまたさけんだ。

「わかった、運動場が、たいらなところと、山と、半分ずつになってりゃいいんだな。そうすりゃ、運動会にがけのぼり競争もできるんだ」

と、知也もさけんだ。

つづいて、ほかの子たちも口ぐちに、いろいろなことをいった。運動場が山だったら、まんなかに川があればいっそよいとか、毎日、給食を運動場の下でたべるとか、ということだった。


古田が、「『宿題』の路線―生活の中で社会批判の目を育てながら子どもが成長していく物語として『ぼくらは機関車太陽号』は、『宿題』より完成度が高いでしょう」[注46]と述べる『ぼくらは機関車太陽号』の中でも、この一連の子どもたちの会話は、作品のクライマックスになっている。

古田は、『宿題ひきうけ株式会社』を執筆した態度について次のように述べている。注47

『宿題ひきうけ株式会社』はぼくが子ども時代をやり直そうという意識もあって書いたものだった。それをぼくは現実の子どもを読者対象にして書いた。ぼくには児童文学とは子どもに向かって書くものだという意識がはっきりとあった。僕が生きられなかった子ども時代のやり直しとしてぼくが追求し、創造するこのように生きたいという子ども時代を、今の子どもに届けたかった。それは今の子どもたちのあいだで生きるものでなければならなかった。

『ぼくらは機関車太陽号』も、『宿題ひきうけ株式会社』と同じ執筆態度で書いたものであることは間違いない。そして、古田が言う「このように生きたいという子ども時代」とは、純真な子どもの目で「王様は裸だ」と見抜くことができる子ども時代のことである。このことについて、古田は次のように説明する。注48

『宿題ひきうけ株式会社』はその三年ぐらいあとで、そのときには明瞭にというほどではありませんが、「子どもをやり直す」ということを意識していました。これは「皇帝の新しい着物」にからんでいます。「王様ははだかだ」ということばは、純真な子どもの目が真実をとらえたと解釈される場合がありますが、子どもならみんな「王様ははだかだ」と見ることができるわけではない。ぼくは子どものとき、あの戦争の巨大な嘘の中で天皇と祖国を信じた。ぼくは「王様ははだかだ」と見抜けなかったし、友だちの多くもそうだった。そのようにはならない子どもをこの話の中で書いてみようと思ったんです。

宿題の存在に疑問を抱き、学校での学びに疑問を抱き、本当にしてみたい学びを見つけていく『宿題ひきうけ株式会社』の中の子どもたち、学校の校庭がなぜ平なのか、というあたりまえの事として等閑にふされていたことに疑問を抱いた『ぼくらは機関車太陽号』の中の子どもたち、これらの子どもたちの姿は、古田が「このように生きたいという子ども時代」を過ごす子どもたちなのである。

子どもたちが平らな校庭の話で盛り上がっているところにやってきたチョコレート校長は、子どもたちの話を聞いて、興奮気味に次のように話す（一三一ページ）。

「ふうん。運動場はなぜひらべったいか。それはおもしろい。なるほど」

校長先生は、みんなの話をいちいちうなずきながらきいた。ききおわったとき、校長先生の顔は興奮したように赤黒くなっていた。校長先生はうれしそうにいった。

「いいぞ、孝くん。きみは、ものにとらわれない考えかたをしている。ものごとはすべてそのように考えるべきだ。いいぞ」

古田は、自明の事として多くの大人が疑問を抱かないさまざまな事柄を哲学的・根本的な問題として考える子どものことをあげながら、「こうした子ども感覚は大人の作者が持つ思想・世界観と相互に作用しあって、人間・社会・自然を新しい角度からとらえる働きをすることができる。『皇帝の新しい着物』の『王様ははだかだ』というのはその現われの一つだと考えている[注49]」とも述べている。

『夏子先生とゴイサギ・ボーイズ』には、「ええ、おわらいを一席。学校てぇところは、ないないづくしの国でして、ろうかを走っちゃいけない、階段のてすりをすべっちゃいけない…」という子どものセリフが出てくる(一八ページ)。このセリフも、あたりまえのこととして大人の側は普段特段気にもとめないい学校内でのさまざまな禁止事項が、子どもの目には疑念と不満とともに映っていることを表現している。

古田は、『宿題ひきうけ株式会社』が六〇年代から七〇年代の初めにかけて、子どもたちにとってはげましであったが今はそうでもない。それに代わる作品というのは一体何なのか、という小学校教師の発言に対して、「やっぱりおれは、それをつくり出すことも必要なんだと思う。現代日本児童文学の中で一番発展しなかったのは、子どもの日常生活を書いた狭い意味のリアリズムなんじゃないかな[注50]」と述べている。

古田の〈教育児童文学〉作品には、古田が「このように生きたいという子ども時代」を子どもたちが過ごすことができるよう、子どもたちへの古田からのエールが表現されているのである。

注

46　前掲「『宿題ひきうけ株式会社』の古田足日さん（談）」（2）七九ページ

47　前掲『現代児童文学を問い続けて』三八ページ

48　前掲「『宿題ひきうけ株式会社』の古田足日さん（談）」（2）七七ページ

49　前掲『現代児童文学を問い続けて』四四ページ

50　前掲「対談　異質の同世代―タルッピ・フルタルの生活と文学」三八ページ

Ⅲ　子どもの行動と遊びへのまなざし

『モグラ原っぱのなかまたち』と『ダンプえんちょうやっつけた』そして『おしいれのぼうけん』

子どもを知る

古田作品の中で、子どもの行動や遊びに関する題材を作品化した主なものに、『モグラ原っぱのなかまたち』（一九六八年、あかね書房）、絵本『おしいれのぼうけん』（一九七四年、童心社）、絵本『ダンプえんちょうやっつけた』（一九七八年、童心社）がある。

前章でも触れたように、これらの作品が書かれた六〇年代から七〇年代は、子どもの生活環境が急激に変化した時代である。また、子どもの生活環境の変化の中で、子どもにとって遊びとはどのようなことなのか、見失うことが多くなった時代でもある。子どもの行動にもそれまでにない変化が見られ、一九六二年（昭和三七）に阿部進が造語した「現代っ子」に象徴されるように、子どもの変質が議論されるようにもなっていた。

『モグラ原っぱのなかまたち』が講談社文庫で出版（一九八一年）される際に、古田は「―『モグラ原っぱのなかまたち』のころ―」と題する「あとがき」を書いている。そこには、一九六五年八月に古田家が東京都池袋から北多摩郡久留米町（現東久留米市）に引っ越したことを記した後に、「東久留米に住まなかったら、この『モグラ原っぱのなかまたち』も生まれず、ぼくの創作はもしかしたらちがう方向に進んだかもしれない。(中略) ふと今しるしたように思ってしまうほど東久留米とぼくの創作は深い関係をもっている」と記している。[注51]

古田にとって大きな収穫となったのは、「子どもたちが野山で遊ぶ姿を見たこと」だった。古田が見た子どもたちは一人でいることはほとんどなく、常に群れていた。また、大人の知らないことを知っていた。そうした子どもたちの姿をみたことについて、古田は次のように考えていく。[注52]

こうした子どもの姿を見る、あるいは子どもがこのように見えるということは、これもぼく自身の内に用意されつつあったものと照応しているだろう。(中略) 池袋ではぼくは子どもを見ることは少なく、取材はあったにせよ『宿題ひきうけ株式会社』は、〝ぼくが子どもだったら〟とでもいう仮定によっているところが多い。

この仮定が東久留米では半ば現実のものとして姿をあらわした。野山に遊ぶ子どもを見て、またこの本の解説を書いてくれた小林利久氏たち小学校の先生や、母親たちから聞く子どもの様子から、ぼくは遊びと創造・発見と子どもの成長発達ということを意識して考えるようになったらしい。つまり、子どもとはどういう存在なのか、大人に対してその相対的独自性をぼくは自分の内と外から発見しかかっていたのだ、と思う。

『モグラ原っぱのなかまたち』久米宏一・絵　1968年　あかね書房

古田は、一九五三年（昭和二八）に、鳥越信らと『少年文学』の旗の下に！」、いわゆる「少年文学宣言」を出すが、その頃から鳥越らと問題にしてきたことの一つが、「当時の児童文学が子ども読者の心をつかんでいない」ということだった。そして、その解決に迫る方法として、二つのことを考えていたという。一つが、「児童文学者はもっと実際の子どもに関心を持とうじゃないか」ということで、もう一つが「現代大衆児童文学の創造」だったと述べている。注53

古田は、「少年文学宣言」を実践を通して深化させるために、「子どもの立場に立とう」としながら創作活動を行ってきたことを、評論の中で語っている。そのための二つの方法として、自分の子ども時代を振り返ることと、今の子どもから学ぶことをあげている。そして、一九六〇年代から一〇年余り、『モグラ原っぱのなかまたち』の後書きに書いていること以外にも、子どもから話を聞き、教師、保育者の実践記録や子どもの詩、作文を読み、教育学や発達心理学の本も読み、ちょうど子どもだった古田の長女（六〇年生まれ）などから学んで、現在の子どもを知ろうと努めたと[注54]述べている。
こうした意識の中で、子どもの姿を理解することに努めながら、古田の目に映った子どもたちを創作した作品、それが『モグラ原っぱのなかまたち』だったのである。

注

51 古田足日「――『モグラ原っぱのなかまたち』のころ――」(『モグラ原っぱのなかまたち』一九八一年 講談社文庫)一五六ページ
52 前掲「――『モグラ原っぱのなかまたち』のころ――」一五九～一六〇ページ
53 前掲「『宿題ひきうけ株式会社』の古田足日さん(談)」(1)六三ページ
54 前掲『現代児童文学を問い続けて』四三ページ

物語が実現する子どもの願い

『モグラ原っぱのなかまたち』に登場する、二年二組のなおゆき、かずお、あきら、ひろ子の四人組がみつけたモグラ原っぱで、子どもたちはさまざまな遊びを行い、創造と発見を行っていく。子どもたちのかけがえのない遊び空間だったモグラ原っぱは、物語の終盤に、突如子どもたちから奪われてしまう。その様子は次のように描写されている(一二七～一二八ページ)。

ある日、あきらがモグラ原っぱにやってくると、ダンプカーが、ど、どうっと、土を原っぱの上に落としていました。

あきらはむねがどきんとして、おもわずあたりを見まわしました。くるところをまちがえて、モグラ原っぱではないところにきてしまったのかな、と思ったからです。

でも、赤土のがけも、そのがけの上のササやぶの中から、にょっきりくびをだしているマツの木も、ちゃんとモグラ原っぱのものでした。原っぱの左がわの森も、まちがいなくフクロウ森です。

土を落としたダンプは、草の上に赤土のタイヤのあとをつけ、エンジンの音を、ご、ごうっとひびかせて、原っぱを出ていきました。

あきらも出ていこうとしました。すると、べつのダンプが一だい、原っぱにはいってきました。

「ぼうや。どかないと、あぶないぞう」

こうした光景は、六〇年代から七〇年代にかけて、全国のいたるところで見られていた。六一年生まれの筆者の幼少期の記憶とも重なる。筆者が住んでいた地域と、七北田川に合流する仙台川という小さな沢を隔てて、その向こう側に広がっていた広大な広葉樹林を、ブルドーザーが切り崩していく様子を遠くに眺めながら、筆者は遊んでいた。ブルドーザーが林を切り崩し、ダンプカーが行き来していたのは、一九六八年（昭和四三）から始まる東勝山団地の造成のためだったが、大鷹が住み、雉やヒバリやカケスが住み、クマや野ウサギやタヌキ、キツネやリスが住んでいた林は、無残な赤土の宅地に変貌していった。

高度経済成長期にあたる、この頃の子どもの遊びと遊び環境の変化については、多くの先行研究がある。教育社会学者の藤本浩之輔は、「昭和三〇年頃からはじまった利益至上主義による経済成長と、都市化の進行は、子どもたちの遊びの機会を大きく圧迫し、混乱におとしいれていった」とした上で、次のように述べる。[注55]

遊び空間の面でいうと、都市の中から自然を奪い去り、子どものための遊び場だったあき地や原っぱをつぶしてしまった。農村でも、農薬やその他の公害のために自然を遊びに使えないような状態におとしいれた。また、自動車の激増は日常の生活道路までも車道化し、駐車場にし、子どもの遊び場を奪っただけでなく、歩行さえ危険な状態にしてしまった。事実、都市の子どもたちはほとんどのものが、自宅周辺の道路で危険を感じるといっているのである。

調査結果からも、藤本が一九七四年に指摘した子どもたちの遊び環境の変化が、現在も進行していることが明らかである。厚生労働省が同一客体を長年にわたって追跡調査する縦断調査として、平成十三年度から実施を始めた「第6回21世紀出生児縦断調査結果の概況」を発表している。この調査は、全国の二〇〇一年一月一〇日から一七日の間及び七月一〇日から一七日の間に出生した子を対象とし、厚生労働省が人口動態調査の出生票を基に調査客体を抽出し、およそ三万八千人から回答を得たものである。

この調査結果によると、「よく遊ぶ」が多い場所は、「自宅」が九十五・一パーセントと最も多くなっている。次いで「児童館や児童公園などの公共の遊び場」で「よく遊ぶ」が十五・一パーセントとなっており、「ときどき遊ぶ」（六三・六パーセント）と合計すると、「児童館や児童公園などの公共の遊び場」で「遊ぶ」は七八・七パーセントとなっている。一方、「遊ばない」が多い場所は、「空き地や路地」が五九・三パーセント、「原っぱ、林、海岸などの自然の場所」が四〇・八パーセントとなっている。

子どもの生活から、空き地などの遊び場が急速に失われていき、それを受け入れるしかない状況の中で、子どもたちはその状況の中でできる遊びを探すしかなかった。そうした時代の中で、古田は「『モグラ原っぱのなかまたち』は子どもの生活に根をおろしながら半歩だけ進んで、その願いや空想を実現する物語と考えて」書いたことを述べている。[注56]『モグラ原っぱのなかまたち』に登場する石川洋子先生の存在は、「半歩だけ進んで、その願いや空想を実現」しようとした現れの一つであろう。洋子先生は、子どもの発見や驚きを、共に驚き楽しむ教師として描かれている。

子どもたちが、モグラ原っぱの崖から、傘をパラシュートの代わりにして飛び降りようとすると、そこに参加して自分が真っ先に崖から飛び降りたり、土曜日の午後に子どもたちが野原で杉鉄砲ごっこをする際には、喜んで参加したりする先生として描かれている。洋子先生と同質の先生として古田作品に登場するのが、『夏子先生とゴイサギ・ボーイズ』の水沢夏子先生である。夏子先生は禁止しようとしてもビー玉をやめない健やひろしら四人組を負かすために、ビー玉の猛特訓をする先生である。そして、特訓の成果で四人組のビー玉を巻き上げると、「そうね。もっと創造的な遊びを発明したらどう」（一三ページ）と子どもたちに提案する先生として描かれている。

洋子先生や夏子先生の行動は、レイチェル・カーソンが『センス・オブ・ワンダー』の中で言う、子どもの感受性を育む大人そのものである。レイチェルは次のように述べている。[注57]

もしもわたしが、すべての子どもの成長を見守る善良な要請に話しかける力をもっているとしたら、世界中の子どもに、生涯消えることのない「センス・オブ・ワンダー＝神秘さや不思議さに目をみはる感性」を授けてほしいと頼むでしょう。

この感性は、やがて大人になるとやってくる倦怠と幻滅、わたしたちが自然という力の源泉から遠ざかること、つまらない人工的なものに夢中になることなどに対するかわらぬ解毒剤になるのです。

妖精の力に頼らないで、生まれつき備わっている子どもの「センス・オブ・ワンダー」をいつも新鮮にたもちつづけるためには、わたしたちが住んでいる世界のよろこび、感激、神秘などを子どもといっしょに再発見し、感動を分かち合ってくれる大人が、すくなくともひとり、そばにいる必要があります。

レイチェルがいう「世界のよろこび、感激、神秘などを子どもといっしょに再発見し、感動を分かち合ってくれる」教師は、今日では子ども目線に立つ教師として、子どもと関わり合う上で大切にされている。だが、『モグラ原っぱのなかまたち』が書かれた六〇年代、教師は今よりはるかに権威的な存在であった。洋子先生のように子どもたちと一緒に休日の原っぱで子どもたちの喜びや感動を分かち合おうとすることが、教師論の中で重視される時代ではなかった。そうした時代の中で、子どもたちの「願いや空想を実現」しようとした古田の思いが、洋子先生や夏子先生の造形につながっているものと思われる。

また、「半歩だけ進んで、その願いや空想を実現」しようとした子どもの願いは、子どもたちの大切な遊び空間だったモグラ原っぱが市営住宅に変えられようとしている事態を前に、子どもたちが市長と談判しようと市役所に行く場面に強く現われている。市長に会えなかった翌日、子どもたちはフクロウの森の木に登り、ストライキを始める（一三五ページ）。

「おじさんたあち、工事をやめてくださあい。市長さんにあうまで、ぼくたちは木からおりませえん」

木の下の子どもたちも、いっせいにさけびました。

「工事をやめてくださあい。市長さんと話したあい」

あきらののぼっている木からは、おなじようなことばを書いた、長い紙がたれさがりました。


水も食べ物も、毛布も木の上に運び上げて、市長との話し合いが実現するまで、子どもたちは徹底抗戦しようとする。やがて、校長先生と担任の石川洋子先生、そして子どもたちの保護者も駆けつける。無理やり連れ帰ろうとする保護者たちとの間に次のようなやり取りが展開される（二四一ページ）。


木にのぼったなおゆきは、これもはんぶんなき声でさけびました。

「住宅だっているけど、あそび場だっているんだよう」

下のおとなたちはしんとなりました。

「やはり、市長さんに来てくださるよう、おねがいしましょう。子どもたちの気持ちも考えてやらなくっちゃ」

かん高い声がきこえました。もうそろそろうすぐらくなってきたし、木の上の子どもたちがこのかん高い声が洋子先生の声だと気がつくのには、ちょっと時間がかかりました。

なおゆきら子どもたちと洋子先生の声が保護者たちの心を動かし、様子が変わっていく。そうした変化を見ながら、子どもたちの心も動いていく（一四二〜一四三ページ）。


「わたしたちは、みなさんがいっているあいだに、もう一度、おかあさんたちを集めますわ。みんなで市長さんに話しましょう」

と、あきらのおかあさんがいいました。

木の上では、こんどは子どもたちがしんとなっていました。洋子先生がかん高い声をだしたあと、なんだかようすがかわってきたからです。

「おとなはつめたいと思ったけど、どうもそうじゃないらしいね」

なおゆきがあきらにささやき、かずおも一郎も、木の下のひろ子もそう思いました。

やがて市長や市会議員や市役所の人たちがやってきて、夜の一〇時過ぎから子どもたちと市長との話し合いが始まる（一四三ページ〜一四四ページ）。

「市長さん。この原っぱはぼくたちのあそび場だったんです。遊び場をつぶさないでください」

「きみたちの気持ちはよくわかるよ。でも、住宅がいることは、きみたちにだってわかるだろう」

「は、はい」

「だから、工事を中止することはできない。でも、きみたちにやくそくしよう。この住宅の中にあそび場をつくろう」

集まったおとなたちはどっと手をたたき、市長は自動車のライトの中で話しつづけました。

「もともとブランコ、すべりだいのある小さいあそび場はつくるよていだった」

「ブランコはいりません。ブランコはひとりしかのれないもん。すべりだいもいらないや。がけのほうがおもしろいんですう」

なおゆきはさけび、市長は大きくうなずきました。

「わかってる。池もあり、おかもあり、森もあるあそび場をつくろう」

まるでゆめのような気持で、なおゆきたちは市長の話をきいていました。

古田が『モグラ原っぱのなかまたち』を書いた六〇年代は、高度経済成長期の中で、社会全体が豊かさを求めて邁進していた時代だった。その時代の中で、開発は経済成長にとって必要なことであり、豊かさの実現であり、大人たちにとっては疑問を挟む余地のないことであった。一方で、その中で子どもたちは、遊び場を失い、自分たちの居場所を失っていった。

子どもたちが、自分たちの意見を表明する権利などが盛り込まれた「子どもの権利条約」が採択されるのは、『モグラ原っぱのなかまたち』の執筆からまだまだ遠い先の事である。『モグラ原っぱのなかまたち』が執筆される時代までにも、子どもの権利が明記された宣言は採択されてきた。第二次世界大戦後で見ても、一九四八年(昭和二三)に「世界人権宣言」が採択、一九五九年(昭和三四)には、「児童の権利に関する宣言」が採択されている。そして、これら国連で採択された宣言とは別に、一九五一年(昭和二六)五月五日に、日本では「児童憲章」が制定され、日本国憲法の精神にしたがって、全ての児童の幸福の実現を目指すことが明文化された。「児童憲章」には、次の前文が掲げられている。

児童は、人として尊ばれる。
児童は、社会の一員として重んぜられる。
児童は、よい環境の中で育てられる。

「児童憲章」に掲げられた社会の一員としての尊重も、よい環境の中で育てられることも実現せず、そして何より、大人が作り出す社会の中で、人として尊ばれることが感じられない時代の中で、自分たちの要求を市長にぶつけ、その要求が実現したらどんなにすばらしい環境が現れるだろう、という子どもたちの「願いや空想を実現」することが、『モグラ原っぱのなかまたち』には書かれているのである。

ここに描かれた子どもたちの行動は、現実の子どもたちを励まし、子どもたちに希望を与えたであろう。作品を通して子どもたちを励まそうとした古田の意思は、ここにも反映されていることを読み取ることができる。

注

55　藤本浩之輔『子どもの遊び空間』一九七四年　日本放送出版協会　一八～一九ページ
56　前掲「『宿題ひきうけ株式会社』の古田足日さん（談）」（2）　七九ページ
57　レイチェル・カーソン『センス・オブ・ワンダー』上遠恵子訳　一九九六年　新潮社　二三ページ

子どもの本性への理解

『モグラ原っぱのなかまたち』には、涙から塩を作ろうとしたり、掃除機で野原にいる鳴く虫を吸い取ろうとしたり、傘で空に浮かんだり、崖から飛び降りて空を歩こうとしたりと、一見すると荒唐無稽に感じられる子どもたちの行動がいきいきと描き出されている。

すでに述べたように、この作品を書いていたころの古田は、子どもの姿をとらえる努力を重ねていた。

『モグラ原っぱのなかまたち』は、学研の『二年の学習』や『三年の学習』に連載した「もぐらはらっぱのなかまたち」、さらに『月刊ほるぷ』に発表した「モグラ原っぱさようなら」をまとめて刊行されているが、講談社文庫版の解説を書いた小林利久は、この作品について次のように述べている。[注58]

この連作に、古田はどのような課題意識をもってのぞんだのか。ひとことでいえば、それは「子どもの本性」の把握である。

子どもの本性への関心は、長女あかねの成長と無関係だったとは思えないが、そのころあかねは、リンドグレーンの『やかまし村の春・夏・秋・冬』(岩波書店)が大すきだった。父親でもある古田は、それよりおもしろい話に挑戦したのである。(中略)それまでの古田の制作については、鋭い社会性と現代感覚にみちた文体、エネルギーにみちた子ども像については高い評価が与えられていたが、モチーフが先行していて、人物の個性がえがけていないという声があがっていた。この声に古田は、現実の子どもからつかみ出した子どもの本性をもってこたえようとしたのである。

そして、次のように続けていく。

古田がこの作品でひき出した子どもの本性は、今井誉次郎や戸塚廉などが「教育」の視点から近づきつつあった子どもの内面や行動を、より自由な作家の目から、リアリストとしての古田の目からとらえ、深めたのであった。

古田と親しく交流し、古田に子どもについての様々な情報を与えていた小林の指摘は、古田作品を読み解く上での重要なポイントを押さえている。「モチーフが先行していて、人物の個性がえがけていないという声」は、『モグラ原っぱのなかまたち』より前に出版された『宿題ひきうけ株式会社』に対しても寄せられていた。そうした批判に対して、古田は人物の個性を文学的に造形することに腐心することで応えるのではなく、取材や調査から明らかになった現実の子どもの本性を、人物の造形に生かしていくことで応えようとした、と小林は述べている。古田も、『モグラ原っぱのなかまたち』を書いていたころ、「子どもとはどういう存在なのか、大人に対してその相対的独自性」とはどういうものなのか把握する努力をしていたことを述べている。二人が述べていることは、古田作品に登場する人物像の読み方を考える上で重要な視座となろう。

また、「今井誉次郎や戸塚廉などが「教育」の視点から近づきつつあった子どもの内面や行動を、より自由な作家の目から、リアリストとしての古田の目からとらえ、深めた」という指摘もきわめて重要である。今井や戸塚のような教育者たちが、現場の教師として、さらに教育評論家として理解し分析した子どもに対して、古田は児童文学者としての目で子どもを見つめて、自分の目に映った子どもを表現したというのである。

この指摘から、二つのことを考えなければいけない。一つは、教育学などと異なる立場からの子ども理解、教育への接近に関する、児童文学が持つ可能性についてである。古田のように、意識的に子ども理解に努めようとし、教育問題をはじめとする現代社会の諸課題に積極的に答えようとして作品を書いた児童文学者の作品は、データや理論に縛られずに、その鋭い感受性で、教育学などがとらえきれない子どもの一面を描き出すことができるのではないか。〈教育児童文学〉の持つ、〈子ども〉と〈教育〉へのコミットの可能性と言ってもよいかもしれない。

二つ目は、古田作品に対する評論・研究の在り方についての問い直しである。児童文学作品である古田作品を、文学作品として評論・研究の対象にすることは当然である。作品論、文体論などの対象として、分析・検討が行われていくことは意味がある。同時に、古田が子どもや教育をどのように描こうとしたのか、古田が分析した子どもや教育とはどのように評価できるのか、古田が考察した子ども論・教育論は、教育学など専門諸科学の知見を補完するものとしてどのように評価できるのか、といった、従来の児童文学評論や児童文学研究と異なるアプローチで古田作品に迫ることも必要ではないだろうか。

「露骨なテーマ性」が古田作品の特徴であり、古田自身も特定のテーマを描こうとして作品を書いている以上、その描かれたテーマに対する分析を行わなければ、作品の分析、研究として不十分ではないか。古田作品をはじめとする〈教育児童文学〉作品との私たちの向き合い方の検討も、あらためて必要になるではないだろうか。

注

58 小林利久「解説」(『モグラ原っぱのなかまたち』一九八一年 講談社文庫) 一五一ページ

時間・仲間・空間

『モグラ原っぱのなかまたち』のサクラ小二年二組のなおゆき、かずお、あきら、そしてひろ子の四人組は、放課後も休日も群れて遊んでいる。古田は一九六五年(昭和四〇)に東久留米に転居したことに関して、「子どもたちが野山で遊ぶ姿を見たことは大きな収穫となった。彼らが一人でいることはほとんどなく、つねに群れていた」と述べている[注59]が、そうした東久留米の子どもたちの姿が、これら四人組に投影されている。

子どもたちの集団的外遊びが成立する条件は、「時間・空間・仲間」の、いわゆる「三間《さんま》」だということはよく知られている。『モグラ原っぱのなかまたち』の子どもたちは、この三つの条件が満たされる中で、存分に集団で外遊びを行う子どもたちとして描かれているのである。そして、集団的外遊びを成立させている三つの条件のうちの「空間」が奪われていく中に生きるこの時代の子どもたちの象徴として、四人組に当時の子どもたちを仮託しながら、物語の中に描かれた社会問題が展開されていくのである。

ところで、『モグラ原っぱのなかまたち』の執筆時期とほぼ同時代に小学校時代を過ごした筆者の記憶では、放課後や休日の仲間集団は、さまざまな年齢の子どもたちによるタテ型の集団であった。家から五〇メートルほどのところにあった大山神社という小さな祠脇の「広場」が集合場所であり遊び場だった。「広場」とは言っても、今から思えば宅地三軒分ほどの広さだったであろう。だが子どもには、それで十分な広さだった。その「広場」で、野球に興じ、かくれんぼをし、凧揚げをし、メンコやビー玉をし、コマ回しをし、そして鬼ごっこに興じていた。『モグラ原っぱのなかまたち』の子どもたちと同じ二年生の時には、テツヤ君が六年生で仲間集団のリーダー、その下に、テツヤ君の弟のタクヤ君がいて、筆者と同学年のヨシアキ君、さらに一つ下のジュンイチ君やヒロシ君たちが群れを作っていた。常に八人くらいの子どもが「広場」で遊んでいた。

神社の裏の林に穴を掘って作った秘密基地で遊んだり、「広場」から続く崖を段ボールで滑り降りたり、さらに下まで降りて沢でカエルの卵を採ったり、どじょうを掬ったりした。採ったクワガタを種類ごとに分けて仲間内で分配するのは、全てテツヤ君を中心に行われた。テツヤ君が中学生になると、次はタクヤ君を中心に集団は構成され、タクヤ君がいなくなると、次は私たちが集団を率いる、というように、仲間集団は常に構成メンバーを変えながらも維持されていった。

ところが、『モグラ原っぱのなかまたち』は、異年齢の近所の子どもたちではなく、同じ学校、同じ学年、同じクラスの仲間として描かれている。これは、物語化する上で、登場人物たちの関係をわかりやすい図式にする必要からこのような設定になっているのかもしれない。あるいは、古田が東久留米で見た子ども集団が、同学年・同クラスの集団だったのかもしれない。理由はいくつか推測できるが、次の古田の証言は、子ども集団の変化が起きつつあった時代状況を、『モグラ原っぱのなかまたち』は的確に描き出していたのではないか、と思わせてくれる。[注60]

〃発見しかかっていた〃というのは、子ども一般とでもいうか、それにほぼ共通の心の動き、行動をとらえかかっていたということである。そして、その子ども一般とは、当時のぼくにとっては、まだ自然が残り、その自然がまた急速に住宅地化しつつある東久留米の子どもたちのことであり、階層的にいえば中の下というか、そうした家庭の子どもたちのことであった。だから、『モグラ原っぱのなかまたち』出版後、生活環境を異にする（らしい）岩手や信州の子どもたちから手紙がきたことにはおどろいた。

ぼくはその反響をぼくがとらえかかっている子どもの発達過程への大ざっぱな承認と受けとったが、今はもう一つ、それとかかわりあって文化の共通性があった、と思っている。子どもがつれだって戸外で遊ぶという文化である。それはぼくの原体験であり、先にいった原風景もこの原体験によって存在している。それはまた環境はちがっても、七〇年代のある時期までは日本の子どもの文化だったのではないか。

古田の証言からは、原っぱで存分に遊んでいたと思われる岩手県や長野県の子どもたちも、自分たちの遊び場が失われてしまうことを描いた『モグラ原っぱのなかまたち』を共感して読み、さらに、同年齢・同クラスの子ども集団には大きな違和感をもたなかったらしいことがわかる。『モグラ原っぱのなかまたち』が出版された頃、実は、日本全国で子ども集団の変質が進行しつつあった。藤本浩之輔は、一九七四年（昭和四九）に書いた『子どもの遊び空間』の中で、昭和四六年の大阪府教育委員会保健体育課が調査した「帰宅後の遊び仲間」のデータをもとに、がき大将に率いられたタテ型の仲間集団からの変化を次のように述べている。[注61]

最近では、この集団の構成がいささか変化してきたようである。すなわち、家に帰ってからも同級生同士が誘い合って遊ぶというヨコ型中心の仲間集団が多くなってきた。（中略）農村地区以外ではどの地域でも同級生同士の遊びが多く、近隣の仲間との遊びが少なくなっていることがわかる。団地の場合、それが特にいちじるしい。

古田の作品には多くの子どもたちが登場する。中には、『宿題ひきうけ株式会社』のトンちゃんのお兄さんや、『学校へいく道はまよい道』の和也のような年上の子どもも登場する。だが、

『モグラ原っぱのなかまたち』だけでなく、『宿題ひきうけ株式会社』も、『ぼくらは機関車太陽号』も、『学校へいく道はまよい道』も、『夏子先生とゴイサギ・ボーイズ』も、みな同学年の子ども集団を中心に物語が展開していく。異年齢集団の中での子どもたちの遊びや成長発達などは描いていないのである。

異年齢の子ども集団の遊びを取り上げることがあれば、子どもについて考える上で、教育学では垣間見ることのできない一面を古田作品は描き出したのではないか。児童文学は、教育学とは異なる角度から、子ども集団の中での子どもたちの関わりと、子どもの成長発達にとってのタテ型集団の意味に光を当てることができたのではないだろうか。そうした視点での作品を古田が書かなかったことが惜しまれる。

注

59　前掲「―『モグラ原っぱのなかまたち』のころ―」一五九ページ

60　前掲「―『モグラ原っぱのなかまたち』のころ―」一六〇～一六一ページ

61　前掲『子どもの遊び空間』一九四～一九五ページ

「純粋な時間」と『ダンプえんちょうやっつけた』

古田は、自身の幼年物について、「田畑精一との絵本『おしいれのぼうけん』と『ダンプえ

『ダンプえんちょうやっつけた』田畑精一・絵　1978年　童心社

んちょうやっつけた』は隅っこと原っぱにそれぞれ対応しています」と語っている。[注62] 古田のこの言葉から、この二冊の絵本は、遊び空間を主題にしたかのように思われるかもしれない。だが、古田がこれらの絵本を書いた目的は、遊び空間の問題にとどまらず、子どもにとって遊びとはどのようなことか、という子どもと遊びに関する根源的な問いの答えを求めてのものだったと思われる。

『モグラ原っぱのなかまたち』は、原っぱという遊び空間の意義を問う作品だったが、『ダンプえんちょうやっつけた』は、原っぱの意義だけでなく、そこで遊ぶ子どもたちと、子どもと遊びについて、古田の思考が描かれている。

『ダンプえんちょうやっつけた』のダンプ園長には、実在のモデルがいる。宮城県石巻市でわらしこ保育園[注63]を開いていた高田敏幸氏（一九四一～二〇一七）である。高田は、一九四一年に北海道紋別市に生まれ、東北大学教育学部を卒業後に高校教師を経てわらしこ保育園を開園した人物である。高田は、「二人の子どもをかかえて切羽つまった気持ちで、わが子の豊かな発達のためと夢中ではじめた」のだと保育園を始めた理由を述べている。[注64]

ここでの保育は、〝夢中になって遊ぶ〟ことである。自身の子どもをわらしこ保育園に通わせていた保護者は、「幼い子どもに長い距離を歩かせ、カニやザリガニを捕まえたり、ドングリを拾ったり、花を摘んだり、そうして手に入れたものを使って、今度は工作をしたり絵を描いたり、そして太鼓を叩いたり、手作りの独楽や竹とんぼで遊んだり、泥遊びをしたり、庭のグミ・ビワ・クルミを採って食べたり…まるで40年くらい前の子ども達の生活を、ごく自然に、のびのびと行わせているようだった」と回想している。

古田も、〝夢中になって遊ぶ〟高田の保育に心から共鳴してこの作品を書いた。絵を担当した田畑精一と、取材のために古田は石巻のわらしこ保育園を訪れている。その時の様子を、田畑は次のように回想している。[注66]

二作目の絵本『ダンプえんちょうやっつけた』の取材のために石巻に出かけたのは、ようやく春がめぐってきた季節であった。古田さんは長くて重いコートを着ていた。わらしこ保育園の園長高田さんや子どもたちといっしょに、我々は一日近くのへび山まであそびに出かけた。その帰り道、古田さんは子どもたちを満載した大きなリヤカーを押して坂道を駆けたのである。子どもたちは汗だらけの顔を輝かせて大歓声を上げ、リヤカーに結いつけたみどり色の旗が風にはためいていた。古田さんの長いコートも風にゆれ、古田さんの笑った顔に汗が光った。ぼくもまた、カメラをかかえて古田さんと子どもたちの後を追いかけたのである。石巻からの帰りみち、古田さんは「子どもは汗をかくものである」ということを発見した。汗のにおい、草いきれ、潮風の香りのいっぱいある絵本をつくろうとも言った。

この回想は、古田が子どもと遊びについて考え、そしてその本質に迫った瞬間をとらえた、重要な回想である。田畑が回想していることを、古田は作品の中で次のように描いている（一〇四ページ）。

おにぎりを　たべた　あと、みんな　くるまに　のって
かえりました。みんな　つかれていたので、
くるまの　なかで　うとうとしました。
かまぼここうばの　なかから、たかしの　おかあさんが
でてきて、えんちょうに　あいさつしました。
「あついのに　たいへんですね。
おやおや、みんな　ねてしまって。」
「きょうは　とても　たのしかったんですよ。」

「そうですか、それは　よかった。」
おかあさんは、なにが　たのしかったのか
わかりませんでしたが、うれしくなって　ねている
こどもたちの　かおを　のぞきこみました。
こどもたちは　くさと　きと　あせの　においが
しました。えんちょうも　おなじ　においでした。
そして、おかあさんは　さかなの　においが　しました。

疲れてうとうとするまで、一日、野原で夢中になって遊び、思う存分野原を駆けまわった子どもたちの身体には、草や木や、そして汗のにおいがしていたのである。汗の匂いは、子どもたちが遊びに没頭して充実した時間を過ごした証だった。古田がここで発見した、「子どもは汗をかくものである」ということは、子どもにとって、遊びに没頭するという「純粋な時間」を経験する、その充実感の意味を「発見した」ということなのである。

古田は、「今を十分に生きる」とはどういうことか説明する際に、この場面を援用している。そして、次のようにまとめていく。[注67]

これについて保育研究者の小出まみさんが、「ここには『たのしかった』と言える充実感

こそ保育の基本にする保育者とそれを信頼する母親の姿がある」と書いてくれました。つまり、子どもたちが夢中になって海賊ごっこをやり、園長が「たのしかった」と言い、お母さんもそれで「うれしくなって」しまう、こうして過ごした時間の充実感こそ「今を十分に生きる」ということではないかと、今僕は思ってるんです。これは純粋化した時間と言ってもいいし、あるいは楽しい時間と言ってもいいわけですが、そうした言葉で表される時間を子どもたちが生きるということ、そうした時間を作り出す手伝いを大人がやること、これが大切なのではないでしょうか。

古田は一九八二年（昭和五七年）に、子どもの成長発達と文化の関係について考察した「子どもと文化」を発表する。わらしこ保育園で発見した「子どもは汗をかくものである」、という子どもと遊びと純粋化された時間への視点は、「子どもと文化」の中で、さらに深い思考へと結実していく。

「子どもと文化」には、子どもの成長発達と文化の関係を考える上での重要な視点が提示されている。「文化の内面化」「原風景・原体験」そして、「精神の集中・躍動、美的体験」である。古田は、精神を躍動させながら砂の山で遊ぶ子どもを例に引きながら、次のように述べる。[注68]

ここでは子どもは砂に働きかけ、山やトンネルをつくることから出発した、強調していいえばもう一つ別の世界、もう一つの空間と時間とを生きている。それは充実した時間、豊かな時間である。それを可能にする理由の一つは、たぶん遊びの場が子どもにとってもっとも豊かに自分を表現できる場だからではないだろうか。そして、自己を表現（形成を含む）しつつ豊かな時間を生きることは多くの人間の願いであろう。

そして、続けて次のように言う。[注69]

さらに遊びにもう一歩ふみこんでいくと、遊びがつくりあげるもう一つの世界はそれなりの合法則性を持っている。またそれとかかわって遊びには一つの基調がある。海賊ごっこというメインテーマが設定されると、その基調と合法則性とによって、海賊らしく子どもは行動しなければならないのである。それが豊かに展開された時、子どもははじまりがありおわりがある一種の美的経験を経験することになるだろう。

ここで古田が例として出している海賊ごっこは、『ダンプえんちょうやっつけた』の中で子どもたちが精神を躍動させ、美的経験を経験した遊びとして登場する。

古田の「子どもと文化」は、永遠に未完成で、多くの重要な示唆を含みながら、後の世代の研究者に宿題として残した課題の多い論文である。宿題のうちの一つが、「精神の集中・躍動・美的経験」とはどのようなことを意味し、子どもの成長発達にとってどのような意味があるのか、その問いに答えていくことである。
古田は、「美的経験ということばに不十分ながら注釈を加えておく」としながら、「美的経験というのは、人生と社会のある側面を強調し、つまり主題化し、その主題の発展と終息を中心とすることによって純粋化された世界を自分自身のものとして経験する、ということだと思う。そして、自分自身のものとして経験するということは創造的行為であり、今提出した視点には創造性も含まれているといってよいだろう。また自発性も含まれる」と説明している。[注70]
最も豊かに自分を表現できる場である遊びの時間と空間の中で、子どもたちは充実した時間と豊かな時間を過ごし、精神を躍動させながら美的経験を経験している。その時間が持つ意味について、心と体の発達に結びつけながら教育的価値に即してのみ論じていくことはナンセンスである。これまで、教育に関する言説の中では、遊びの持つ教育的意味とその価値が強調されることが多かった。だが、子どもにとって遊びの持つ意味は、教育的価値からだけでは十分に理解することができない。
子どもにとって、精神を躍動させながら没頭する時間をただひたすら楽しむこと、そのただひたすらな時間を経験することだけが子どもにとって意味があることであって、その他の意味は子どもの側には一切存在しないのである。「子どもは汗をかくものである」ことを、わらしこ保育園の子どもたちとダンプ園長が遊ぶ姿から発見した古田にとって、『モグラ原っぱのなかまたち』の頃にはまだ明確につかめなかった子どもの遊びの意味が、『ダンプえんちょうやっつけた』を通して明瞭な図になっていったのではないだろうか。そして、私たち読者も、「汗をかく」子どもの姿に、遊びとは何について考える大きな手がかりを得ることができるのではないだろうか。

注

62 前掲「『宿題ひきうけ株式会社』の古田足日さん（談）」（2） 七九ページ

63 北上川河口近くにあったわらしこ保育園は、二〇一一年三月一一日の東日本大震災で被災。地震と津波で自宅兼保育園が大破した後、閉園する。

64 高田敏幸「古田さんのこと」（『日本児童文学』一九七九年一一月号 日本児童文学者協会）偕成社 八八ページ

65 「Tr. 平居の月曜プリント」最終閲覧日 二〇一九年八月二四日 https://takashukumuhak.hatenablog.com/entry/20170822/1503405913

66 田畑精一「子どもは汗をかくものである」（『日本児童文学』一九七九年一一月号 日本児童文学者協会） 偕成社 八六～八七ページ

67 古田足日「子どもが『今を十分に生きる』ことの意味」（『子どもの文化』二八巻七号一九九六年七月） 五五～五六ページ

68　古田足日『子どもと文化』一九九七年　久山社　六二ページ
69　前掲『子どもと文化』六三ページ
70　前掲『子どもと文化』六三〜六四ページ

押し入れの闇

古田の代表作の一つとして知られる『おしいれのぼうけん』について、児童文学者川北亮司が次のような論評を行っている。[注71]

おしいれとねずみばあさん、この二つのこわいものが楽しいものに変わっていく。変わっていくというより、さとしとあきらによって変えられていく。

作品はこのプロセスをいくつかの要素でつないでいる。さとしとあきらの〝手をつなぐ〟—内容的には「おしいれにいれられ」たことへの不満が「ごめんなさいといわない」二人を生み出していくのだ。

一人ではあやまっていたかもしれないが、この簡単にあやまらない二人によって、みずの先生の考えを変え、ねずみばあさんを追いちらす結果となる。理不尽なしうちへの抗議、そして勝利。これが『おしいれのぼうけん』をつらぬいている太いテーマである。

ただねずみばあさんの存在は複雑な意味を持っているように思える。〝現代〟の投影を作者が意図しているふしがある点だが、作品を読んだかぎりでは、はっきりとつかみとれない。いや、『ぬすまれた町』の手法とダブらせて考えれば、ねずみばあさんとみずの先生を一つのものとして作者は考えていたのかとも思える。それへの抗議であったのか…。

しかしでは、「おしいれにとじこめてあやまらせる」行為を生み出した根は何だったのか、それが、きっちりした形で、さとしとあきらの〝あやまらない〟行為とぶつかり合っていない感がのこる。

二人の冒険の中身は何だったのか?

川北のこのレポートを基調にして、鵜生美子、川北、藤田のぼるの三人が、ストーリー展開に見られる難点や不自然さなどについて討論を行っていく。『おしいれのぼうけん』を俎上に乗せて展開される文学論は面白い。だが、筆者は三人が論じるストーリー展開の不自然さといった文学論的な論評よりは、押し入れという空間が、読者

『おしいれのぼうけん』田畑精一・絵
1974年 童心社

である子どもにどのようなことを想起させるのか、そして、川北が最後に呟いている「二人の冒険の中身は何だったのか？」という問いを考えていくことの方に、この作品について考えていく上での意味を感じる。登場人物のさとしとあきらにとって、押し入れの冒険とはどのような意味を持っていたのか。そして、読者（あるいは読み聞かせの聞き手）である子どもたちが、二人の冒険にどのような魅力を感じたのか、そこを問うことが、『おしいれのぼうけん』について考える際に重要となるのではないか。

前節で、「田畑精一との絵本『おしいれのぼうけん』と『ダンプえんちょうやっつけた』は隅っこと原っぱにそれぞれ対応しています」という古田の言葉を引用した。子どもと原っぱの関係については、すでにさまざまに見てきたが、押し入れは子どもにとってどのような場所なのだろうか。古田が隅っこという場所・空間をどのような場所・空間として描こうとしたのか、そのことを問う必要があろう。

寺本潔が、大学生に子ども時代に遊んでいた場所を絵に描いてもらいながら調査した『子ども世界の原風景』（黎明書房）という本がある。この中に、「こわい場所（物）」と「わくわくする場所（物）」がまとめられている。小学校三年生男女の認識度は次のようになっている[注72]（次ページの表）。

この表で明らかなように、子どもがこわいと感じる場所は、古い井戸、人の住んでいない家、

順位	3年男子47名	(人)	%	3年女子44名	(人)	%
1	古い井戸	23	49	お墓・お化け	35	80
2	まっくらやみ	20	43	古い井戸	21	48
3	人の住んでいない家	20	43	まっくらみ	20	45
4	小川の深い所・沼	17	36	ヘビ	17	39
5	お墓・お化け	16	34	人の住んでいない家	17	39
6	ヘビ	6	13	小川の深い所	8	18
7	その他	4	9	自分の部屋の押し入れ	5	11
8	自分の部屋の押し入れ	3	6	森の中	2	5
9	便所	2	4	便所	1	2
10	森の中	2	4	その他（高い所）	1	2
11	大きな木	1	2	大きな木	0	0

順位	3年男子47名	(人)	%	3年女子44名	(人)	%
1	洞穴	37	79	秘密基地	29	66
2	秘密基地	32	68	洞穴	24	55
3	抜け道	15	32	抜け道	14	32
4	お墓・お化け	10	21	大きな木の上	12	27
5	大きな木の上	10	21	お墓・お化け	9	20
6	林や竹やぶ	6	13	林や竹やぶ	8	18
7	神社・お地蔵さん	6	13	小川の流れの速い所	7	16
8	その他	3	6	橋の下	5	11
9	小川の流れの速い所	3	6	塀・庭の隅	4	9
10	塀・庭の隅	1	2	神社・お地蔵さん	4	9
11	橋の下	1	2	その他	4	9

備考：上が「こわい場所（物）」、下が「わくわくする場所（物）」、寺本潔『子ども世界の原風景』（黎明書房、1990年）より引用

お墓、大きな木のように、古さや死を連想させる場所、小川の深い所や蛇、森の中のように、危険につながる場所や生物、そして、真っ暗闇や押し入れ、便所のように、狭い場所と暗い場所である。一方、わくわくする場所は、お墓や神社、竹やぶのような妖しくて不気味さを感じる場所、あるいは、洞穴、秘密基地、抜け道のような秘密の場所、さらに、塀や庭の隅のような隅っことなっている。この調査からは、子どもにとって押し入れという場所と空間は、こわい場所であると同時に、わくわくする場所、であることがわかる。

押し入れは、暗闇と狭さ、そして非日常的な空間という要素を持っている。これらの要素が、押し入れに感じる怖さとワクワク感を醸し出すのではないか。「檸檬」などの作品で知られる梶井基次郎の短編に「闇の絵巻」がある。基次郎は、病気療養のために伊豆湯ヶ島温泉の湯川屋に長期滞在し、同時期に湯ヶ島温泉の湯本館に滞在していた川端康成の所に日参する。その帰り道で体験した、暗闇の中での思考、感情を繊細に表現した作品である。[注73]

闇！　そのなかではわれわれは何を見ることも出来ない。より深い暗黒が、いつも絶えない波動で刻々と周囲に迫って来る。こんななかでは思考することさえ出来ない。何が在るかわからないところへ、どうして踏み込んでゆくことができよう。勿論《もちろん》われわれは摺足《すりあし》でもして進むほかはないだろう。しかしそれは苦渋や不安や恐怖の感情で一ぱいになった一歩だ。その一歩を敢然と踏み出すためには、われわれは悪魔を呼ばなければならないだろう。裸足《はだし》で薊《あざみ》を踏んづける！　その絶望への情熱がなくてはならないのである。
闇のなかでは、しかし、もしわれわれがそうした意志を捨ててしまうなら、なんという深い安堵がわれわれを包んでくれるだろう。この感情を思い浮かべるためには、われわれが都会で経験する停電を思い出してみればいい。停電して部屋が真暗になってしまうと、われわれは最初なんともいえない不快な気持になる。しかしちょっと気を変えて呑気《のんき》でいてやれと思うと同時に、その暗闇は電燈の下では味わうことのできない爽やかな安息に変化してしまう。

深い闇のなかで味わうこの安息はいったいなにを意味しているのだろう。今は誰の眼からも隠れてしまった――今は巨大な闇と一如になってしまった――それがこの感情なのだろうか。

暗闇の中で人間が呼び覚ます感情について、見事に表現されている。闇の中で、人は苦渋や不安や恐怖を感じる。暗闇の中に潜むかもしれない生物への恐怖、足元すら見えないことへの不安、人智を超えた未知なるものが現れるかもしれないことへの畏れ。自然の事物への知識が少なく、経験した事柄が大人より少ない子どもの場合、暗闇がもたらす未知の世界への恐怖と不安は、多くの経験を持ち、自然の事物についての知識が豊富な大人の比ではない。
恐怖と不安を感じる一方で、やがて感じる恐怖がないまぜになった不思議な安息。これは、暗闇の中で次から次へと想起される様々な空想がもたらす恐怖と、そして、その一方で感じるわくわく感が同居したものである。基次郎は、次のように表現している。

その家の前を過ぎると、道は溪に沿った杉林にさしかかる。右手は切り立った崖である。それが闇のなかである。なんという暗い道だろう。そこは月夜でも暗い。歩くにしたがって暗さが増してゆく。不安が高まって来る。それがある極点にまで達しようとするとき、突如ごおっという音が足下から起る。それは杉林の切れ目だ。恰度真下に当る瀬の音がにわかにその切れ目から押寄せて来るのだ。その音は凄《すさ》まじい。気持にはある混乱が起って来る。大工とか左官とかそういった連中が溪のなかで不可思議な酒盛をしていて、その高笑いがワッハッハ、ワッハッハときこえて来るような気のすることがある。心が捩じ切れそうになる。するとその途端、道の行手にパッと一箇の電燈が見える。闇はそこで終わったのだ。

闇の中で不安が高まった刹那、闇の中に響く音のために気持ちに混乱が起り、不思議な空想が脳裡を横切っていく様子が見事に描写されている。『おしいれのぼうけん』のさとしとあきらも、基次郎と同様の感情を押し入れの闇の中で感じたのであろう。そして、さとしとあきらが感じたと同じ感情を、押し入れや物置などの闇を体験したことのある読者の子どもたちも、共有するのである。そこに、この作品に子どもたちが感じる魅力の一つがある。

児童文化研究者の冨田博之は、「日本の子どもに失われた夜の〝闇〟」という鋭いエッセイを遺している。[注74] 子どもたちが夜の闇を失ってしまったことについて、冨田は次のように述べている。

もちろん、夜の闇がなくなったわけではない。しかし、考えてみると、いまの子どもたちは、なんと、夜の闇というものと無縁に育てられていることだろうか。

暗い廊下を通って便所に行くことも、星空を仰ぎながら、暗い夜道をお使いに行くことも、いまの子どもたちは、ほとんど体験することもなく子ども時代を過ごすといってよいのではないか。家のなかも街も、明るい照明がてらしているし、ブラウン管は、いつもチカチカと輝きつづけている。夜のおそろしさにおののくことも、暗闇をとおして、何ものとも知れぬ異様な世界を想像するという体験も、ほとんど、子どもたちのものではなくなった。

（中略）

そこで、結論を急ぐようだが、夜の闇にかかわるものの必要を、ぼくらは考えなければならない。それが、これからの児童文化に課された一つの役割だといってよいのではないだろうか。

懲罰のために押し入れに閉じ込めることが、教育としてふさわしくないことは確認しておかなければならない。だが一方で、子どもたちが押し入れの闇の中で未知の世界を想像する体験は、子どもにとって魅力的な体験であり、また意味のある体験でもある。『おしいれのぼうけん』の最後の部分で、みずの先生は子どもたちを押し入れに入れなくなり、代わりに子どもたちが自分で押し入れに入って行くようになるところは、押し入れに魅力を感じる多くの子どもたちが憧れる場面であろう（七六ページ）。

つぎの　ひから、みずのせんせいは
こどもを　おしいれに　いれなくなりました。
かわりに　こどもたちが、じぶんで　おしいれに
はいるようになりました。さとしが　みんなに、
「おしいれって　ねずみばあさんの　くになんだよ。
だいぼうけんの　できる　ところなんだ。」
と、はなしたからです。
あきらも　じぶんの　おでこを　みせて、
みんなに　はなしました。
「だいぼうけんも　できるけど、
あせもも　できる　ところなんだよ。」
そして、みずのせんせいは、おしいれに　はいった

こどもたちを　ときどき　おどかしました。
「そこに　いるのは　だれだ?
わしは　ねずみばあさんだぞ。」
こどもたちは　きゃっきゃっと　わらって
よろこびました。

古田は、『おしいれのぼうけん』について次のように述べている。[注75]

『おしいれのぼうけん』は単純化していうと、幼児の心の内外にある不安にねずみばあさんという形を与え、主人公の幼児がそれとたたかう物語である。それまでぼくは子どもの成長を明るい経験を積み重ねて獲得していくものとしてとらえていた。しかし、成長発達の道筋にはもう一つ不安とのたたかいがあり、ねずみばあさんは子どもが成長発達途上で出あう不安が目に見える形をとったものだったのだ。

さとしとあきらは、押し入れという非日常的な暗闇の中で、空想世界を駆け巡る「冒険」をし、そしてその冒険の中で日常では味わえない不気味さや不安や恐怖を味わい、不安と恐怖に打ち克つ体験という「冒険」をしたのである。

注

71 川北亮司「おしいれのぼうけん」(『日本児童文学』一九七九年一一月号 日本児童文学者協会)偕成社 七四ページ

72 寺本潔『子ども世界の原風景』一九九〇年 黎明書房 三六、五四ページ

73 梶井基次郎「闇の絵巻」(『檸檬・冬の日』一九五四年 岩波書店)一二四〜一二五、一二九〜一三〇ページ

74 冨田博之『児童文化時評 一九七二〜九四年』一九九六年 久山社 六二〜六三ページ

75 前掲『現代児童文学を問い続けて』一一六ページ

非日常的空間と秘密

押し入れには、非日常的な空間という、魅惑を生み出す要素もある。古田は、『おしいれのぼうけん』の中で、押し入れが持つ非日常的な空間性について、次のように描写している(二〇〜二二ページ)。

なくのを がまんして、さとしが まわりを みると、
おや、おしいれの うしろの かべに ぼやっと まるく

ひかりが　あたっています。
さとしは　そのひかりの　やってくる　もとを
さがしました。
わかりました。あなでした。
おしいれの　とに　あなが　あいていました。
さとしは　そのあなに
かためを　ぴったり　つけて、
そとを　みました。
いつも　みている　へやと
みんなが、　この　あなから
みると、　とても　ふしぎな
かんじがしました。
（中略）
したのだんにも　あなが　ありました。
あきらも　かためを　あなに
つけてみました。
やっぱり、　とても

ふしぎな　かんじがしました。
「ふふ、おもしろいね」
あきらは　なくのを
やめました。

押し入れに空いていた穴から、日ごろ見慣れた保育室を覗いて、不思議な感じを味わうというこの場面の描写は、押し入れは「非日常性」を持つ空間であることを際立たせている。普段自分たちがいる場所、そして一緒にいた仲間たちがお昼寝している姿を覗き見るというシチュエーションによって、押し入れは日常の世界と異なる非日常的な空間であることが見事に表現されているのである。

押し入れに限らず、非日常的空間にワクワクを感じるのは子どもの特性でもある。寺本潔の調査で、わくわくする場所に「抜け道」が入っていたが、抜け道も子どもにとって非日常的でワクワクする空間の典型である。

抜け道は、猫が通るような道であることが多いために、「猫道」と呼ぶこともある。また、子どもの独特の感性の中で道として認識された空間であるために、「子ども道」と呼ぶこともある。抜け道は、大人が作った正規の道と異なる非正規の道であり、正規の道を通る日常と異なる非日常の道でもある。そしてそれは子ども独自の道であり、自分たちだけの〝秘密の道〟でもある。

ワクワクする空間に洞穴と秘密基地が入っているが、これらも抜け道や押し入れと共通の非日常性を有し、同時に自分たちだけの秘密の場所という魅力を持っている。子どもにとって、自分たちだけの〝秘密〟の場所を持つことは、大人のいない自分たちだけの領分を持つということを意味している。また、秘密の場所では、日常の自分とは異なる自分を生きたり、そうした自分を楽しんだりすることができる。秘密基地が、絶好のごっこ遊びの場となるのも、秘密基地が持つ〝秘密〟という要素が日常の自分から離れて別の自分を生きることにつながっていくためである。『おしいれのぼうけん』のさとしとあきらも、非日常的な暗闇の空間に押し込められたことで、日常の自分とは異なる別の世界に入り込み、その暗闇の中で感じる恐怖や不安と闘いながら、日常の自分とは異なる自分を生き、そして押し入れが開けられることで、再び日常に戻っていくのである。二人にとっての「冒険」とは、非日常的な空間の中で、日常の自分たちとは異なる自分を生き、その中で様々ことを体験したことを意味していたのである。

児童文学論では、こうした物語は「行きて帰りし物語」と評されている。モーリス・センダックの『かいじゅうたちのいるところ』、長谷川摂子作・ふりやなな絵『めっきらもっきらどおんどん』、ルイス・キャロルの『不思議の国のアリス』など、多くの「行きて帰りし物語」が子どもたちを楽しませてきた。日本歴代興行収入第一位を誇る宮崎駿監督作品『千と千尋の神隠し』も、典型的な「行きて帰りし物語」である。押し入れは、洞穴やトンネル、神社の祠などと共に、子どもたちを「行きて帰りし物語」にいざなう、非日常の不思議の国への入り口でもあるのだ。

子どもたちが、「行きて帰りし物語」をなぜ好むのか。そこにある非日常性、非日常を生きる主人公、秘密、冒険、といった要素が子どもたちにとってどのような意味を持っているのかを考えることは、子どもの成長発達と文化を考える上での重要な視点の一つとなろう。

遊びとファンタジー

児童文学作家の薫くみこは、「ちょっと暗くて、臭くて、怖くて、ワクワク」という『おしいれのぼうけん』論を書いている。薫の子どもの読書体験を織り交ぜながら、子ども読者の目線で『おしいれのぼうけん』を論じた魅力的な『おしいれのぼうけん』論が展開されている。その中で薫は、次のような自身の幼少期の記憶を紹介している。[注76]

私には、「ここではない別の場所」にまぎれ込んだ一瞬の記憶があります。

それは七歳の夏の終わり、台風が近づいてくる気配でいっぱいの夕方。庭に面した掃きだしを開け放った六畳間で、私は弟と近所の幼なじみ姉弟、四人で何枚も布団を積み重ねてその上に乗り、それを船に見立てて夢中で遊んでいました。

私は舳先に立ち、バランス悪く積み上げた布団をわざと揺らして「波がきたぞー、つかまれぇ」「ワニがいるぞ、落ちたら食べられちゃうぞぉ」などと叫び、小さい弟たちはわあわあと悲鳴を上げ、波を蹴立てて大海原を進んで行くこの設定に盛り上がっていました。

台風特有の生温かい風がざわざわと庭の木々や草を揺らし、カーテンはうねって踊り、部屋中のありとあらゆるものが、カサカサカタカタコトコトと音をたてていました。

そんな心躍る非日常な気配の中、それまで部屋の内側にばさばさとひるがえっていたカーテンがふいに逆方向、空に向ってぶわーっ、と大きくめくれあがったのです。

と思ったら、次の瞬間ざーっと戻ってきたカーテンといっしょに、吹き飛ばされるかというほど強い風が吹きこんで、私は思わず顔を伏せました。

そして顔を上げてみると―、あたりは一面の海だったのです。私は息を呑んでかたまり、目玉だけを動かして、その海を観察しました。白い空と水平線が光って、遠い海の表にはかすかな波が白く立っていました。それ以外何も動くものがない静かな海でした。


遊んでいるさ中に、「ここではない別の場所」に紛れ込んだような感覚に陥った経験は、多くの人が共通に持つ体験であろう。すでに述べた「行きて帰りし物語」が、繰り返し絵本やアニメで取り上げられてきたのも、多くの人が共有する体験だからに他ならない。

古田は、遊びの中で子どもたちが「ここではない別の場所」を体験することを、次のように説明している。[注77]

その児童文化的見解の出発点は、第一にはやはり〝おもしろいから、楽しいから〟遊ぶということであり、第二には今子どもがつくっているのは砂山でありトンネルであるだけではなく、一つの「世界」である、ということだと思う。ここでまだ熟していない、先に「ほのかに見えて」といった考えをしるしてしまうと、この「世界」は砂・土・水という現実の素材と、その手ざわりの心地よさ、汗とその匂いという感覚的な素材と、ことばとイメージとによって構成されている。ここではことばは二種類であり、一つは誰が見ても砂の山である「山」であり、もう一つはその「山」に彼・彼らが与えたことばである。このことばは彼らがその山からつくり出したイメージに与えたものであり、ことばがない場合にもそのイメージは存在している。また、今ここにはないイメージを彼・彼らは持っている。さらに、誰かが(大人を含む)ことばを発すると、そのことばによって今までなかったイメージが触発される場合もある。こうして道や川、トンネルができ、山は姿をかえ、怪獣が出現し、心の中のイメージもかかわっていく。

薫の幼少期の体験とその中での心の動き、感覚は、この古田の説明で理解できる。そして、子どもたちが遊びの中で「ここではない別の場所」を楽しむこと、それは「ファンタジー」を楽しむことと、言い換えることもできよう。『ダンプえんちょうやっつけた』の中で子どもたちが楽しんだ海賊ごっこも、ファンタジーを楽しむ子どもたちの姿であった。『おしいれのぼうけん』で、さとしとあきらも、押し入れの闇を夜の山と海に見立てながら、ファンタジーを楽しんでいく（三二ページ）。

「な、あーくん。ミニカーと、この　デゴイチと
はしらせようよ。デゴイチは　やまの　なかの　さかを
あがっていくんだよ。よるなんだよ。」
「うん、ミニカーはね、そのやまの　したの　かいだんを
はしるんだ。」
「ピー。ガッタン、シュッ、シュッ。」
「ブーブー。」
ミニきかんしゃと　ミニカーは、うごきだしました。

こうして、押し入れの暗闇が二人の前に夜の山と夜の海を現出させ、その中をミニカーとデゴイチを走らせていくうちに、やがて二人の「世界」の中にねずみばあさんが現われてくるのである。

心理学者麻生武は、「子どもの発達とファンタジー――消えつつある〝ファンタジーの世界〟――」という論文の中で、次のように『おしいれのぼうけん』に言及している。[注78]

絵本『おしいれのぼうけん』の「リアリティ」はなんと言っても、「押し入れ」にある。「押し入れ」がこわいのは、さくら保育園の子どもたちだけではない。私も幼いときに「押し入れ」が怖かった。悪さをした折檻として「押し入れ」に閉じ込められたからではない。「押し入れ」という闇の空間が、何かが潜んでいる可能性を孕んでいるようで怖かったのである。一人で留守番などしているとき、「押し入れ」の中に何かがいるようで怖かった覚えがある。また、あるときは友達や弟と懐中電灯を持って「押し入れ」の中に入り、「押し入れ」の外には未知の宇宙空間が拡がっているようにも感じてわくわくどきどきしたこともある。「押し入れ」は、そこからもう一つの現実ともいえる「生きたファンタジー」が生まれる格好の場所なのである。

『おしいれのぼうけん』のさとしとあきらが押し入れの中で展開した冒険は、「もう一つの現実」である「生きたファンタジー」の典型なのである。

『おしいれのぼうけん』でさとしとあきらの冒険を読んだ（聞かされた）子どもたちは、それぞれの脳裡でさとしとあきらと同じ「世界」を彷徨い、脳裡で「生きたファンタジー」を展開させながら、さとしやあきらと同じ「ここではない別の場所」に入り込み、共に冒険をしていくのである。

想像力とそれに基づく創造性は人間精神の基本的な営みの一つである。想像力を働かせながら、子どもたちは創造的な活動を行う中で、「精神の集中・躍動・美的体験」を感じている。子どもたちが「ファンタジー」を楽しんでいる時間、それは、日常から離脱して非日常の時間と空間を生きている子どもたちが、精神を躍動させ、美的体験を体験する時間なのである。

注

76　薫くみこ「ちょっと暗くて、臭くて、怖くて、ワクワク」(『日本児童文学』二〇一五年二月号　日本児童文学者協会)小峰書店　三二ページ

77　前掲『子どもと文化』六二ページ

78　麻生武「子どもの発達とファンタジー――消えつつある〝ファンタジーの世界〟――」(増山・汐見・加藤編『ファンタジーとアニマシオン――古田足日「子どもと文化」の継承と発展――』二〇一六年　童心社)九二ページ

〈教育児童文学〉のこれから

評論と創作の比重が同じくらいではないかと感じられるほど、どちらも精力的に取り組んだ古田は、評論を発表した媒体をあげながら、「教育書と児童文学論は今より近いところがあり、そうした単行本にも書き、教育雑誌にも書きました」と述べている。[注79]

古田の言葉を補足すると、古田の代表的な評論である「子どもと文化」は、青木書店から出さ

れた『講座・現代教育学の理論』の第二巻『民主教育の課題』に掲載されている。五十嵐顕や川合章らの教育学者の論文と並んで、児童文学作家で評論家の古田の「子どもと文化」が収められているのである。

この本が出版された一九八〇年代頃は、教育学と児童文学研究、児童文化研究の関係は今よりはるかに密接だった。一九七七年（昭和五二）に日本児童文学学会会長に就任した滑川道夫（一九〇六〜一九九二）は、教育学と児童文学・児童文化が密接な関係の中で研究や活動が展開されていた時代の象徴的な存在である。滑川は、一九二九年（昭和四）に秋田師範学校専攻科を卒業し、秋田師範附属の明徳小学校で教師生活を開始する。秋田での小学校教師時代から生活綴方教育に力を入れ、生活綴方の拠点となる『北方教育』の創刊にも関わる。全三冊の大著『日本作文綴方教育史』（一九七七〜一九八三年、国土社）を著わし、一九八〇年（昭和五五）に筑波大学から教育学博士の学位を授与されている。一方で、一九八九年に『日本児童文学の軌跡』で日本児童文学学会賞を受賞。この他、教育、児童文学、民俗学、歴史学、出版文化、映像文化などを幅広く逍遥して著わした『桃太郎像の変容』（東京書籍）により、一九八一年に毎日出版文化賞を受賞している。領域の垣根を越えて、〈子ども・教育・文化〉の世界を逍遥した人物だった。

大学で教育学を学んだ筆者は、滑川が会長をしていた一九八八年に日本児童文学学会に入会し、教育と子どもの文化を横断しながら研究生活を送ってきた。その実感から言うと、児童文学研究が文学研究としての独自性を高め、より専門的な研究が進んでいくのと反比例するかのように、古田が「教育書と児童文学論は今より近いところ」があったと感じていた時代から、両者の距離は次第に離れていったように感じる。

児童文学研究と児童文学評論が専門性を高めた高度な研究や評論に進むことは大切なことである。だが、読者の中心が子どもである児童文学を扱う研究と評論が、文学研究に閉じこもり、教育学的な視点や読者である子どもへの視点と理解が薄れていくことは、児童文学研究と児童文学評論にとって望むべき方向であろうか。同様のことは、児童文化研究にも言えることである。

古田の教育を主題にした作品は、登場人物である子どもの形象化に問題がある、という指摘を受けることが多い。教育上の問題や、あるべき子ども像を描くことが主題となっていて、子どもの人生を描くという文学本来の仕事から遠ざかっている、あるいは、子どもの人生を十分に描く力が弱い、という批判である。

『宿題ひきうけ株式会社』『ぼくらは機関車太陽号』『学校へいく道はまよい道』に代表されるような、現代社会が内包する教育の様々な問題を正面に据え、登場人物たちが作中でそうした教育問題を考えていくことが中心の物語は、評論家のみならず、文学としての魅力に欠ける、と感じる読者も少なからずいるだろう。登場人物の人生を描くことが脇に置かれ、教育問題に対する主義主張が強烈すぎるために、登場人物の苦悩や生きざまに自己を投影しながら読むことができない物語は、物語としての読みごたえを感じない、という感想である。

二〇一八年度から道徳は「特別の教科道徳」として教科化されたが、道徳教育を行うために用いる教科書ならいざ知らず、文学は人間の喜怒哀楽や人生を描くものであり、登場人物の人生に自己を同一視しながら読み進めていくことに文学的な価値と読書の喜びを見出すものであることは、言うまでもない。

その観点から見ると、この三部作とも言える古田作品の中でも、『学校へいく道はまよい道』は、特に文学としての魅力は乏しいと言わざるを得ない。登場人物たちは、不登校とは何か、いじめとは、勉強とは、体罰とは、といったことを語るために動かされていて、それぞれの人生を生きている、とはあまり感じられない。一方で、取り上げられている教育問題の描き方が鮮明で、教育問題について考えさせる力は、三作品の中でも『学校へいく道はまよい道』が最も強いのではないだろうか。

日本で最初の少年向け創作読み物『こがね丸』を書いた巌谷小波《さざなみ》は、『ふところ鑑　女子処世』を一九〇七年（明治四〇）に出版している。この本は、ブームになっていた家庭教育の本として出版されたものだが、その中で「多くの人はお伽話を教訓談と思うて居る[注80]」とした上で、『こがね丸』を書いた当時の自分自身について次のように総括している。[注81]

> 私は此お伽話を作り始めてから、随分長い年月でありますが、始めの中は矢張お薬主義で、色々の薬を調合して見ましたが、十か二十としか作らぬ中に、薬の種が切れて仕舞ひます。それ故外形は違へても、内の主義はいつも同じになつて仕舞ふ。勧善懲悪と云ふやうなこと

から組立てゝ、或時は犬と猿とを出し、二度目には蟻と蟋蟀となるばかりで、内容は善行あるものは栄え、悪人は滅びると云ふやうに、何時でも同じ趣向に落ちます。

子ども向け読み物を書き始めた駆け出しの頃、小波は「お薬主義」と称する教訓談を子ども向け読み物として意識しながら書いていたことを告白している。ところが、同じ『ふところ鏡』には、かつての小波の認識とは大きく異なる注目すべき次のような認識が書かれている。[注82]

多くの人は、お伽話或は少年文学と云ふと、直ぐに教訓談と考へ、軟かに温味を以て或意味を教へるものであると、斯う考へて仕舞ふ様です。我国の今日の社会では、現に皆然う考へられつゝあるのです。それも強ち悪い説と云ふのではありませぬ。けれども文学と云ふ以上は、矢張お伽話の中にも、純粋な美的のもの、純粋の詩的のものがなければなりません。決して倫理やら、道徳の事のみを説く必要はありません。悪いこと、汚いことさへ教へなければそれで可い、美しくさへあればそれで可い。併ながら、それでも亦或一方から充分に人を教へることは出来ます。此頃の新語に美育と云ふことを申しますが、即ち美育は、人に美を知るの知識を与へる、言ひ換へれば、人に色々の好みを教へる。美育の乏しき者は、奇麗なものを見ても感じない、詩を読んでも解らない、立派な文学を読んでも解することが出来ない、絵画を見ても美しいと思はぬ。（中略）それで斯う云ふ趣味は、美術文学で養ひ教へる事が出来るのです。

小波がいう「美術文学」とは、美術品のように「真の美を謡ひ、美を描いたもの[注83]」で、「只奇麗で美しいと云つて、見る者が、姑くは酒に酔つたやうな心持になるもの、所謂美を謡ふ」ような文学だという。対して台所用品のように実用的で工芸品にもたとえられる文学を「工芸文学」と称し、文学を大きく二分して説明している。その上で、小波は少年文学にも「美術文学」が必要だと述べているのである。

小波が明治時代にすでに指摘しているように、子ども向けの作品には、常に教育的視点が付随してきた。子どものための読み物は、子どもにとって教訓的な「お薬主義」であるべきだという認識が根強いのである。そうした「お薬主義」の児童文学作品は、道徳の教材として使用するのには適しているであろう。だが、小波の言う「美術文学」と程遠いことは言うまでもない。

子ども向け読み物の創作が始まった明治時代から、教訓的な文学は存在してきたが、こうした「お薬主義」の児童文学作品と、古田が書こうとした〈教育児童文学〉は、同質のものであろうか。もとより、内容も目的も、明らかに異なるものである。

〈教育児童文学〉は、教訓を子どもに与えたり、道徳的な価値観を子どもに与えたりしようとするものではない。〈教育児童文学〉は、教育とは何かという命題について考えたり、いじめや不登校や学力などの教育が克服すべき諸課題について考えたり、教育を受ける権利や学ぶ意味について作品を通して考えることができる児童文学作品である。〈教育〉を主題に据え、そうした主題を子どもの眼差しと古田の思想や教育観をもとに作品化した文学作品である。

古田は、教育や子どもについて深く掘り下げた作品を書こうとし、教育問題に関心を寄せ、教育学や教育心理学の知見を求め、教師や保護者たちと話し、子どもを知ろうと努めてきた。『宿題ひきうけ株式会社』も、『ぼくらは機関車太陽号』も、『学校へいく道はまよい道』も、ストーリー展開の点や人物造形などの点から見て、文学作品として評価した時に、物足りなさは残るかもしれない。だが、教育学の専門的な知識や、憲法の理念や、子どもの権利条約などについて知ることが困難な子どもの読者に、作品を通してそれらについて知る機会と考える機会を与えようとしたことを、積極的に評価してもよいのではないだろうか。教育の諸課題を主題に据えて書かれた作品に対して、〈教育児童文学〉という児童文学上の位置づけを与え、〈教育児童文学〉の名称を意識的に使うことは、それらの作品が持つ価値を理解する上からも意味があろう。

古田は、宿題の意味や、勉強とはどのようなことか、義務教育とは何か、といったことについて、作品を通して子どもの読者に共に考えてほしいと願っていた。そして、そうした意志の中で作品を書いていった。だが、登場人物の造形への批判に見られるように、古田の〈教育児童文学〉は、文学作品としての十分な深みを持つまでには至らなかったと言わざるを得ない。

〈教育児童文学〉について考える時に、視野に入れる必要があるのが〈戦争児童文学〉である。〈戦争児童文学〉という名称を使い始めたのは、小学校教員で文学教育や平和教育に取り組んでいた石上正夫だと言われているが、戦争を描いた作品、戦争と人間の関わりを描いた作品を、一般の児童文学の作品との区分を明確にするために、〈戦争児童文学〉という区分を意識的に使ったという。

周知のように、〈戦争児童文学〉に区分される作品の数は多く、戦争の悲惨さ、戦争が持つ非人間性、平和への希求などを子どもが考える契機となっている作品は多い。『ヒロシマの歌』『一つの花』など、戦争児童文学を数多く執筆した今西祐行の作品に、『あるハンノキの話』(一九六六年)がある。広島に投下された原爆の爆風で斜めに傾いた練兵場のハンノキが語り手となって話が展開される戦争児童文学作品である。

次のような話である―原爆からまる一日が過ぎて、ハンノキの近くにいた人々が息絶えていく中で、ハンノキは赤ちゃんの泣き声を聞く。それは、頭をやられ、目も見えなくなった母親に抱かれたミーちゃんと呼ばれる赤ちゃんだった。やがて母親は、赤ちゃんを抱いたまま息絶えてしまう。それから時が流れる。練兵場だった場所にはコンクリートのアパートが立ち並んでいる。少年がハンノキに止まっているカミキリ虫を捕まえ、ミーちゃんという名の少女の髪の毛を切っていつも遊んでいる。いつもは切られるのをいやがるミーちゃんが、ある日、「ええ、…みんな切ってつかさい。もっともっと…」と言う。それから一か月後、ミーちゃんは白血病で突然血を吐いて病院に運ばれて死んでしまう。残された少年は、それからはカミキリムシ虫を見つけ次第、力いっぱい地面に叩きつけて殺すようになる―原爆症であることを自覚しながらやがて死んでいく少女と、その死にやり場のない憤りを感じる少年の心情が痛いほど伝わってくる。最後は、ハンノキの次のような独白で余韻を残しながら締めくくられている。注84

きょうも、白い雲がぼくの上をながれている。この風はたしかに秋の風だ。ときがたつにしたがって、やはり、あの子はミーちゃんであったような気がしてくる。

原爆の悲惨さを直接的に訴える表面的な反戦作品ではなく、少女の命のはかなさと悲しみ、少年のやり場のない感情を読者も共有しながら、戦争について考えることができる、深みのある文学作品となっている。

学ぶ主体であり、さまざまな権利の主体でもある子どもたちが、自分たちの問題として教育や憲法などについて考えるための媒体は必要である。かつてＮＨＫで放送していた「中学生日記」は、友だち関係や進学など、多感な中学生たちが直面する問題を主題に据えたドラマであった。扱う主題への訴求力もあり、同時にドラマとしての完成度が高い作品もあった。視聴した中学生たちは、自己を投影しながら、登場人物の苦悩に寄り添い、取り上げられている教育問題を考えていくことができた。

〈教育児童文学〉にも、文学作品としての完成度も高く、文学としての深みを持ち、同時に、扱っている主題への訴求力も高い作品が数多く出現することが待たれる。子どもたちが、自分たちの問題として、教育について考えていくことができ、しかも文学作品として深みを持つ作品の出現が待たれるのである。

古田の〈教育児童文学〉作品を越えて、文学的にも読みごたえのあるすぐれた作品が数多く出版されるようになっていく中で、教育論ではなく文学作品を通して教育の諸課題を自分たちの問題として考えていく場を持ち、学ぶ主体としての自分たちの存在について、子どもたちはより深く自覚するようになるであろう。

そして、そうした作品が数多く出現する中で、「児童は、人として尊ばれる／児童は、社会の一員として重んぜられる／児童は、よい環境の中で育てられる」と「児童憲章」が掲げる社会の実現に、大きく近づいていくことになるのではないだろうか。

注

79　前掲「『宿題ひきうけ株式会社』の古田足日さん（談）」（1）　六三〜六四ページ

80　巌谷小波『ふところ鏡』一九〇七年　大倉書店　一〇二ページ

81　同上『ふところ鏡』一〇三〜一〇四ページ

なお、小波が用いている「お伽話」の意味とは、「堅く言ふと、童話とか、少年文学」（『ふところ鏡』九三ページ）のことである。

82　同上『ふところ鏡』九八ページ

83　同上『ふところ鏡』九五ページ

84　今西祐行「あるハンノキの話」(日本児童文学者協会編　戦争児童文学傑作選　4『北風は芽を』一九七一年　童心社) 一四九ページ

あとがき——発刊の経緯と創刊の目的

発刊するまでの経緯

一九九九年（平成一一）、子どもの文化研究所創立三〇周年の年、『別冊　子どもの文化』（一一号から『研究子どもの文化』に改題。以下『研究子どもの文化』）が創刊され、特集テーマを掲げながら年一冊刊行してきました。

創刊号から三号まで編集長を務めた古田足日は、子どもの文化の「理論的な研究活動の発展を願って創刊された」と創刊の目的を述べた上で、次のように述べています。[注85]

この雑誌はその「文化」に関わる研究を幾分かでも進めたいという願いの上に立っている。研究所は一九九七年「私たちのめざすもの」という趣意書をつくった。その中に「子どもの育ちに関わるあらゆる文化の意味を問い続けていきます」ということばがある。本誌はこの趣意書にある通り、「子どもの育ち」—子どもの成長と文化に関わる論、研究を発表し、討論していく雑誌になりたい。そう述べると、「児童文化」研究の専門誌かと受け取る人もいるかもしれない。しかし、そうではない。子どもと「児童文化」の関係ではなく、より広く「子どもと文化」の関係をさぐることによって子どもの深部に近づきたい。

「『子どもと文化』の関係を探りながら子どもの深部に近づきたい」という趣旨を明確にしながら、創刊号の「子どもの生活」をはじめとして「子どもが『世界』に出会う」「歴史的概念としての児童文化」「センス・オブ・ワンダー」「子どもと震災」「いのちの尊さを守る――過去・現在・未来――」「『生きる力』と子どもの文化」など、子どもと文化を考えていく上での重要な視点を提示しながら、二〇号まで刊行してきました。

子どもと文化に関する専門的な論考を掲載する雑誌がない中で、この雑誌が果たしてきた役割は大きく、子どもの文化の研究史上に一定の役割を果たしてきたと、創刊号から編集に参加してきた筆者は自負しています。それぞれの号は気鋭の執筆者の論考で満たされ、子どもと文化を考える上での重要な視座を与えてくれる論考が少なくありません。しかし、特集テーマについて執筆者たちとの間で十分な議論を深める余裕がない中で刊行してきた現状を考えた時、より充実した刊行の形を模索する必要性も感じてきました。

子どもの文化研究所は、二〇一九年の今年、創立五〇周年を迎えます。そこで、子どもの文化研究所と『研究子どもの文化』編集委員会は、五〇周年という節目の年を機に、『研究子どもの文化』を終刊にし、代わって、叢書を発行することで、取り上げるテーマへの研究の深まりと、さらなる充実を期することにしました。雑誌形態での発行から、叢書形態での発行へのリニューアルによる研究の深まりを目指したのです。

この叢書は、細分化した中で発展してきたこれまでの研究や実践の限界を乗り越え、領域を越えた子どもに関わる研究者と実践者、さらには地域や社会、企業などとのコラボレーションの契機を作ることを目指したいと考えています。

そして、子どもの文化を視点の中心に据えながら、子どもに関わる学際的な研究・提言を発信し、すべての子どもにとっての豊かな育ちについて、多くの人々が考えるための場を提供するものでありたいと願っています。同時に、子どもの権利条約・子ども憲章・憲法などの精神を尊重し、遵守するマインドを実現するためのツールとしての役割を担うシリーズを目指して刊行していきたいと思っています。

〈間〉を重視する研究の確立を目指して

二〇年前、『別冊　子どもの文化』創刊に際し、古田足日は「児童文化」にとどまらず、広く「子どもと文化」の関係を考えていくことを宣言しました。現代社会は、さまざまな要因が複雑に関連しながら急速に変化し発展しており、社会が直面する諸問題に対して、領域を細分化し、狭く枠を設けた中で研究を深めてきたこれまでのアカデミズムは、社会と人間の全体を俯瞰しながら問題に挑む力に欠けていることを認めざるを得ません。

子どもの文化、教育、福祉は、人が人として「より善く生きる（well being)」ことに向かっていくためのものであり、それぞれを個別に切り離して考えたり、領域を限って専門的な研究を深めたりすることは、本来、不可能です。

こうした状況を考えた時、広く子どもにかかわる事象や問題を取り上げながら、「より善く生きる（well being）」とは何かを考えるという広い視野を持って、文化的視点で問題に切り込み、状況を変革していくことが、子どもにも大人にも必要となるでしょう。

「子どもの文化、教育、福祉をそれぞれを個別に切り離して考えたり、領域を限って専門的な研究を深めたりすることで子どもの深部に迫ることは、もはや不可能」だと述べましたが、こうした認識に立つ研究は、「学際的研究」として、今日ではその必要性がさまざまな研究領域で主張されています。子どもの文化研究にとっても、学際的研究の模索が重要であることは言うまでもありません。

ところで、学際的研究とはどのような研究を指すのでしょうか。学際的研究を明らかにしようとすることは、これまでもさまざまな領域の研究者によって試みられていますが、その概念が明確にされたとはいまだに言い難い状況にあります。

そこで、まず用語の確認を行っておきます。「学際性」という用語は、interdisciplinary という形容詞を名詞化したものです。Interdisciplinary は、「inter」という between や among といった「間」を意味する接頭語と、「学問の、専門分野の」という意味の形容詞である「disciplinary」から成っています。つまり、「既存の学問と学問の間」が直訳ということになります。

この言葉の成り立ちから考えられることは、関係する諸学問と諸学問の間のコミュニケーションを行う中で進められる研究、ということになるでしょう。学際的研究という名の下でしばしば見られる形に、あるテーマについて関連する諸学問の成果を羅列して一つにまとめることがありますが、そうした複数の関連する領域の成果を羅列したり、単に横断的に寄せ集めたりした研究だけでは、本来求められるべき学際的研究として十分ではないのです。

子どもの文化研究において、個別の文化財や文化事象、文化財と子どもの関係に関する精緻な研究が、さらに進められ深められていくことは重要です。同時に、子どもの文化研究の目的を考えた時に、個々の文化財の精緻な研究にとどまるのではなく、子どもがよりよく生きることについて考えることを研究の目的にし、子どもの文化、教育、福祉、それぞれの学問と学問の間のコミュニケーションを図りながら、領域間の垣根を越えて一つの研究として包含して進めていく学際的研究が、これからの時代には必要となります。そうした学際的研究が、生きた学問となり、子どもたちがよりよく生きることに資するさまざまな知見をもたらすことになるでしょう。

ここに、この叢書のタイトルを「子どもの文化ライブラリー　よりよく生きる」とし、子どもの文化、教育、福祉を広く見渡しながら、それぞれの研究の〈間〉を重視した研究を行い、子どもという存在と、子どもがより善く生きていくということについて考えていくためのプラットホームを目指してこの叢書を発行したいと考えています。

*　*　*

本書で取り上げた古田足日は、本叢書の前身『研究子どもの文化』の初代編集長であると同時に、子どもの文化研究所が運営する文化学校の校長も務めていました。そうした古田を対象に本叢書の創刊号を出せたことは感慨深いものがあります。『研究子どもの文化』の編集会議のために、毎月一回、東久留米の古田宅に集まり、長時間にわたって子どもと文化について議論した日々が思い出されます。

また、古田の代表的評論である「子どもと文化」に関する研究は、二〇一六年に童心社から増山均・汐見稔幸・加藤理編『ファンタジーとアニマシオン――古田足日「子どもと文化」の継承と発展――』として出版されています。併せてお読みいただけると幸いです。

本叢書の創刊号である本書への忌憚のないご意見、ご感想をお寄せいただけましたら幸甚です。

二〇一九年八月二九日

著者

注

85　古田足日「子どもの成長を『文化の視点』からとらえたい――研究誌『別冊　子どもの文化』創刊にあたって」（『別冊　子どもの文化』創刊号　一九九九年、子どもの文化研究所）二ページ

本文中に引用した古田作品書誌

新版『宿題ひきうけ株式会社』二〇〇一年　理論社
『モグラ原っぱのなかまたち』一九八一年　講談社
『夏子先生とゴイサギ・ボーイス』一九七一年　大日本図書
『ぼくらは機関車太陽号』一九七一年　新日本出版社
『学校へいく道はまよい道』一九九一年　草土文化
『おしいれのぼうけん』一九七四年　童心社
『ダンプえんちょうやっつけた』一九七八年　童心社

加藤　理◎かとう　おさむ
一九六一年、宮城県仙台市生まれ。文教大学教育学部教授。博士（文学）。早稲田大学教育学部教育学専修、早稲田大学大学院文学研究科教育学専攻に学ぶ。東京成徳大学子ども学部教授などを経て現職。子どもの文化を視点の中心にしながら、子どもと教育の歴史、子どもの文化史、子どもの育ちと教育・福祉・文化の関係などについて研究。「童装束に現れる児童観の分析」で日本児童文学学会二十五周年論文賞、『〈めんこ〉の文化史』で第21回日本児童文学学会奨励賞、『「児童文化」の誕生と展開』で第39回日本児童文学学会賞をそれぞれ受賞。
主な著書
『「ちご」と「わらは」の生活史―日本の中古の子どもたち―』一九九四年、慶應義塾大学出版会
『〈めんこ〉の文化史』一九九六年、久山社
『育つということ―中野光の原風景―』一九九八年、久山社
『「北の国から」の父と子』一九九九年、久山社
『駄菓子屋・読み物と子どもの近代』二〇〇〇年、青弓社
『消費社会と子どもの文化』共編著、二〇一〇年、学文社
『叢書　児童文化の歴史』全三巻、共編著、二〇一一～一二年、港の人
『ポスト三・一一の子どもと文化―いのち・伝承・レジリエンス―』共編著、二〇一五年、港の人
『「児童文化」の誕生と展開―大正自由教育時代の子どもの生活と文化―』二〇一五年、港の人
『ファンタジーとアニマシオン―古田足日「子どもと文化」の継承と発展―』共編著、二〇一六年、童心社

子どもの文化ライブラリー　よりよく生きる　No. 1

児童文学と教育の〈間〉

古田足日『宿題ひきうけ株式会社』から『おしいれのぼうけん』まで

2019年11月30日初版発行

著　者　　加藤　理
装　幀　　西田優子
発行者　　上野勇治
発　行　　港の人
神奈川県鎌倉市由比ガ浜3-11-49 〒248-0014
電話 0467-60-1374　ファックス 0467-60-1375
http://www.minatonohito.jp
印刷製本　創栄図書印刷

ISBN978-4-89629-371-5